JN288644

フランス語名詞化辞典

大賀正喜=著

Dictionnaire de nominalisation

大修館書店

心あふれる画期的なことで目を見はらせる試みです。

　各項目とも例文を真っ先に出し、あとでその語義解析、同義語提示、文法的説明を行なうという破格の構成をとったこの辞書は、同社がすでに出していた *Dictionnaire du français contemporain*（同じく復刻版『ラルース現代仏仏辞典』（駿河台出版社）あり。われわれが通称　DFC　と呼んで親しんできたもの）とともに、私が座右の辞書として常に肌身はなさず愛用しているもので、いくら勧めても勧め過ぎにならない辞書であると信じています。

　わが国で１９８０年代に発足した実用フランス語検定試験でも一級では当初から必ずこの名詞化の問題が第一問目に出されています。より高度のフランス語ではこのような名詞化　nominalisation　が意識的に行なわれていることを踏まえた狙いの高い出題です。

　この種の訓練は文を引き締めるばかりでなく、同じ内容を違った角度から言い表わす訓練ともなり、こうした訓練をつうじてフランス語の運用が柔軟になり表現力が豊かになること請け合いです。

　私はこの試験の発足時から出題にたずさわった一員として、この出題に興味を持ち、かなりのめり込んだことを今でも思い出しては軽い興奮をおぼえます。

　さきに『現代フランス語名詞活用辞典』（大修館書店）を世に問うた私は、名詞化辞典こそ次に来るべき辞書であると思っていました。『ラルースやさしい仏仏辞典』を手本に、手探りで執筆を始めましたが、項目の選定は手元の種々の辞書を初めから繰って行くほかありませんでした。名詞化して文の書き換えをするだけの意味があるもの…という私なりの判断を規準にせざるを得ず、また例文も当初は私自身の手持ちのもの（カードなど）に頼るほ

はしがき

　フランス語は名詞を重視する言語で、フランスでは伝統的にフランス語教育で名詞化練習をさせてきたし、また今でもそれが行なわれているようです。国語教育としてもそうだし、外国人向けのフランス語教育でも「まさに今！nominalisation 名詞化を習っているのです」とフランスの大学でフランス語の勉強を続けている私の教え子が最近知らせてきました。

　動詞や形容詞を名詞に換えた文にすると、文はより分析的、より明晰になり、文の品位がより高度になり引き締ってきます。

　例をあげてみましょう。

「農産物加工品が急速に伸びた」という内容の文は
Les produits agroalimentaires ont progressé rapidement.　よりも
Les produits agroalimentaires ont connu une progression rapide.　のほうがずっとりっぱに見えますね。名詞化の対象になるのは動詞だけでなく形容詞もあります。
「監視の目を強めなければならない」という文も
Il faut être beaucoup plus vigilant.　はありきたりです
Il faut redoubler de vigilance.　と書けばぐっときまっ
見えませんか？

　辞書の分野で定評のある Larousse 社が外国人向けに作
フランス語辞典　*Dictionnaire du français, langue étra*
Niveau 2　（日本では復刻版『ラルースやさしい仏仏辞典』
出版社）として出ています）には必要に応じて短い文の
形容詞を名詞に換えて同じ内容の文を提示しています。

かありませんでした。途中からインターネットによる検索を利用するようになってから、作業はそれまで想像も出来なかったような能率の向上とスピードアップを獲得しました。かくていつ終わるとも知れなかった辞書作りの仕事は急速に結実の時を迎えたのでした。

　編集責任の清水章弘さんとのふとした雑談から着手することになったこの仕事の進行は何回も足踏みし頓挫しました。でも１０年近くの歳月を経て小冊子ながらようやく日の目を見るに至ったのは、清水さんの絶えざる励ましと忍耐のおかげです。ここに同氏に厚い感謝を捧げるゆえんです。

　平成１６年３月３日

　　　　　　　　　　　　　　　　　　　　　　　　大賀正喜

A

abaisser ⇨ *abaissement*

L'hygiène a *abaissé* le taux de mortalité.

→ L'hygiène a permis l'*abaissement* du taux de mortalité.

保健衛生のおかげで死亡率が減少した。

abandonner ⇨ *abandon*

Les gens *abandonnent* parfois leurs animaux quand ils partent en vacances.

→ Les départs en vacances provoquent parfois des *abandons* d'animaux.

バカンスにでかける人々はときどきペットを置き去りにすることがある。

abattre ⇨ *abattage*

Les bûcherons *abattent* des arbres.

→ Les bûcherons effectuent l'*abattage* des arbres.

木こりは木の伐採をする。

abondant ⇨ *abondance*

Les légumes seront *abondants* cet été.

→ On annonce une *abondance* de légumes pour cet été.

今年の夏は野菜の豊作が見込まれている。

abonner (s') ⇨ *abonnement*

Combien ça coûte pour *s'abonner* à cette revue ?

→ Quel est le prix de l'*abonnement* à cette revue ?

この雑誌の定期購読料はいくらですか。

aboutir ⇨ *aboutissement*

On se félicite que les négociations entre les deux pays *aient abouti*.

→ On se félicite de l'*aboutissement* des négociations entre les deux pays.

両国間の交渉が妥結したことを皆喜んでいる。

absent ⇨ *absence*

On a remarqué que Pierre était *absent*.

→ On a remarqué l'*absence* de Pierre.

ピエールの欠席にみんな気がついた。

L'incendie s'est déclaré quand j'étais *absent*.

→ L'incendie s'est déclaré en mon *absence*.

火事は私の留守中に起こった。

absorber ⇨ *absorption*

On constate que le gaz carbonique *absorbe* le rayonnement infrarouge émis par la Terre.

→ On constate l'*absorption* par le gaz carbonique du rayonnement infrarouge émis par la Terre.

炭酸ガスが地球から放射される赤外線を吸収することは確認されている。

absurde ⇨ *absurdité*

C'est *absurde* de prôner la prolifération des armes nucléaires.

→ C'est une *absurdité* de prôner la prolifération des armes nucléaires.

核兵器の拡散を提唱するのは正気の沙汰ではない。

abuser de / abusif ⇨ *abus*

Si l'on *abuse de* l'alcool, cela est nocif. = L'usage *abusif* de l'alcool est nocif.

→ L'*abus* de l'alcool est nocif.

アルコールの乱用は有害である。

accéder à ⇨ *accession à*

Ce scandale l'a empêché d'*accéder* au poste de président.

→ Ce scandale a empêché son accession au poste de président.

そのスキャンダルは彼が議長の職につく妨げとなった。

accélérer (s') ⇨ *accélération*

La déréglementation de l'économie s'*accélère* dans les pays avancés.

→ On assiste à une *accélération* de la déréglementation de l'économie dans les pays avancés.

先進国では経済の規制緩和が急ピッチに進んでいる。

accentuer ⇨ *accentuation*

Le méthane et le gaz carbonique *accentuent* l'effet de serre.

= L'effet de serre s'*accentue* à cause du méthane et du gaz cabonique.

→ Le méthane et le gaz carbonique provoquent l'*accentuation* de l'effet de serre.

メタンと炭酸ガスで温室効果が強まっている。

acclamer ⇨ *acclamation*

Le retour du général fut salué par la foule qui l'*acclamait*.

→ Le retour du général fut salué par les *acclamations* de la foule.

将軍の凱旋は群衆の歓呼に迎えられた。

accommoder (s') ⇨ *accommodation*

Les enfants s'*accommodent* remarquablement à un nouveau milieu de vie.

→ L'*accommodation* des enfants à un nouveau milieu de vie est remarquable.

新しい生活環強への子供の順応ぶりはすばらしい。

accomplir ⇨ *accomplissement*

Je souhaite que ce projet soit accompli.

→ Je souhaite l'*accomplissement* de ce projet.

私はこの計画が実現することを願う。

accroître (s') ⇨ *accroissement*

La production automobile *s'est accrue* de 10%.

→ La production automobile a connu un *accroissement* de 10%.

自動車生産は10%増加した。

accueillir ⇨ *accueil*

A sa descente d'avion, le premier ministre japonais *a été* chaleureusement *accueilli* par son homologue chinois.

→ A sa descente d'avion, le premier ministre japonais a reçu un *accueil* chaleureux de son homologue chinois.

空港で日本の首相は中国の首相の暖かい歓迎を受けた。

accumuler ⇨ *accumulation*

Les lettres *se sont accumulées* sur son bureau et cela le tracasse beaucoup.

→ *L'accumulation* des lettres sur son bureau le tracasse beaucoup.

机の上に手紙が山積みになって、彼の悩みの種だ。

accuser ⇨ *accusation*

On l'*accuse* injustement d'incapacité.

→ L'*accusation* d'incapacité, portée contre lui, est injuste.

彼は不当にも無能だといって非難されている。

acharner (s') ⇨ *acharnement*

Je ne comprends pas qu'il *s'acharne* à combattre la libéralisation des mœurs.

→ Je ne comprends pas son *acharnement* à combattre la libéralisation des mœurs.

彼がむきになって風俗の自由化を攻撃するのが私には理解できない。

acheter ⇨ *achat*

Le Japon envisage d'*acheter* des appareils Airbus.

→ Le Japon envisage l'*achat* d'appareils Airbus.

日本はエアバス社の航空機を購入することを考慮している。

achever ⇨ *achèvement*

Cette machine permettra d'*achever* rapidement l'immeuble.

→ Cette machine permettra l'*achèvement* rapide de l'immeuble.

この機械はビルの完成を早めることになろう。

acide ⇨ *acidité*

Les pins et les sapins rendent les sols plus *acides*.

→ Les pins et les sapins accroissent l'*acidité* des sols.

松と樅は土壌の酸性度を強める。

acquérir ⇨ *acquisition*

Ce pays a décidé d'*acquérir* d'importantes quantités de matériaux fissiles.

→ Ce pays a décidé de faire l'*acquisition* d'importantes quantités de matériaux fissiles.

この国は大量の核分裂性物質を購入することを決定した。

adhérer ⇨ *adhésion*

Je ne savais pas qu'il *avait adhéré à* cette secte religieuse.

→ Je n'étais pas au courant de son *adhésion* à cette secte religieuse.

彼がその教団に入ったことを私は知らなかった。

（注：Je ne savais pas [Je ne connaissais pas] son adhésion…とは言えない。）

adroit ⇨ *adresse*

Il s'est montré très *adroit* dans les négociations.
→ Il a fait preuve d'une grande *adresse* dans les négociations.
彼は交渉でなみなみならぬ手腕を発揮した。

agiter ⇨ *agitation*

Toute l'école *s'agite* à cause de cet incident.
→ Cet incident crée de l'*agitation* dans toute l'école.
この出来事で学校じゅうが騒いでいる。

aider ⇨ *aide*

Il m'*a aidé* pour m'en sortir.
→ Il m'a offert son *aide* pour m'en sortir.
彼は私が窮地を脱するのを助けてくれた。

aimable ⇨ *amabilité*

Elle s'est montrée très *aimable*.
→ Elle a fait preuve d'une grande *amabilité*.
彼女はたいへん親切なところを見せた。

alterner (A alterne avec B) ⇨① *alternance* (alternance de A et de B) (A en alternance avec B) ② *alternative* (alternative de A et de B)

① Dans ces négociations, des phases de tension *alternent* avec des phases de détente.
→ Ces négociations sont marquées par une *alternance* de phases de tension et de détente.
= Ces négociations présentent des phases de tension en *alternance* avec des phases de détente.
この交渉では緊張する場面と緊張のほぐれる場面がこもごもやってくる。

② Dans ce pays, la prospérité *a alterné* avec la misère.
→ Ce pays est passé par des *alternatives* de prospérité et de misère.

この国は繁栄と窮乏の時代をこもごもかいくぐってきた。

ambigu ⇨ *ambiguïté*

Nous sommes gênés par cette réponse *ambiguë*.

→ Nous sommes gênés par l'*ambiguïté* de cette réponse.

私たちはこのあいまいな返答に困惑している。

améliorer ⇨ *amélioration*

La situation économique *s'est* rapidement *améliorée*.

→ On a assisté à une rapide *amélioration* de la situation économique.

経済情勢が急速に改善された。

aménager ⇨ *aménagement*

J'ai dépensé environ 1 million de yens pour *aménager* l'appartement.

→ L'*aménagement* de l'appartement m'a coûté environ 1 million de yens.

マンションの手入れに約百万円かかった。

amer ⇨ *amertume*

Il faut mettre beaucoup de sucre pour rendre cette boisson moins *amère*.

→ Il faut mettre beaucoup de sucre pour atténuer l'*amertume* de cette boisson.

この飲み物の苦さを和らげるにはたくさん砂糖を入れなければならない。

amortir ⇨ *amortissement*

Vous *amortirez* l'achat de la machine à laver sur deux ans.

→ L'*amortissement* de l'achat de la machine à laver se fera en deux ans.

その洗濯機の減価償却は2年でできるでしょう。

ample ⇨ *ampleur*

Il a de très *amples* informations et cela nous a surpris.

→ L'*ampleur* de ses informations nous a surpris.

彼はじつに広汎にわたる情報を持っていて私たちを驚かせた。

amputer ⇨ *amputation*

On a dû lui *amputer* un bras.

→ Il a dû subir l'*amputation* d'un bras.

彼は片腕を切断しなければならなかった。

analogue ⇨ *analogie*

Le fait qu'il ait des sentiments *analogues* aux miens m'a beaucoup réconforté.

→ L'*analogie* (existant) entre ses sentiments et les miens m'a beaucoup réconforté.

彼が私と同じような気持ちをもっていることで私はたいへん元気づけられた。

analyser ⇨ *analyse*

Il a minutieusement *analysé* les intentions de l'auteur.

→ Il a procédé à une *analyse* minutieuse des intentions de l'auteur.

彼は微に入り細を穿って著者の意図を分析した。

ancien ⇨ *ancienneté*

Ce temple bouddhique est *ancien*, c'est ce qu'attestent de nombreux documents.

→ L'*ancienneté* de ce temple bouddhique est attestée par de nombreux documents.

この寺院の時代の古さは多くの資料が証明している。

anéantir ⇨ *anéantissement*

Les armes nucléaires peuvent finir par *anéantir* notre planète.

→ Les armes nucléaires peuvent aboutir à l'*anéantissement* de notre planète.

核兵器はしまいには地球を破滅にみちびきかねない。

animer ⇨ *animation*

En ce samedi soir, les rues *sont* exceptionnellement *animées*.

→ En ce samedi soir, on constate une *animation* exceptionnelle des rues.

今日土曜日の夜、街はいつになく賑わっている。

annoncer ⇨ *annonce*

Le départ du ministre des finances *a été annoncé* aujourd'hui, ce qui a surpris tout le monde.

→ L'*annonce*, aujourd'hui, du départ du ministre des finances a surpris tout le monde.

財務大臣の辞職がきょう報じられ皆を驚かせた。

annuler ⇨ *annulation*

On a annoncé que l'élection du maire *a été annulée*.

→ On a annoncé l'*annulation* de l'élection du maire.

市長の当選の無効が発表された。

anormal ⇨ *anomalie*

Son écriture *anormale* révèle une grande émotivité.

→ L'*anomalie* de son écriture révèle une grande émotivité.

彼（彼女）の筆跡の乱れは気持ちの動揺を表している。

antipathique ⇨ *antipathie*

Ce raseur m'est profondément *antipathique*.

→ J'éprouve une profonde *antipathie* contre ce raseur.

あのおしゃべり屋には心底むかつく。

apaiser ⇨ *apaisement*

Le gouvernement a pris des mesures visant à *apaiser* les contribuables.

→ Le gouvernement a pris des mesures d'*apaisement* pour les

apparaître

contribuables.

政府は納税者をなだめるための措置を取った。

apparaître ⇨ *apparition*

La première étoile *est apparue* dans le ciel.

→ La première étoile a fait son *apparition* dans le ciel.

一番星が空に現れた。

appartenir ⇨ *appartenance*

Il est évident qu'il *appartient* au parti socialiste.

→ Son *appartenance* au parti socialiste est évidente.

彼が社会党に所属していることは明白だ。

appeler ⇨ ① *appel* ② *appellation*

① Il *a appelé* le peuple à la révolte.

→ Il a lancé un *appel* à la révolte.

彼は人民に反抗を呼び掛けた。

② Savez-vous comment *s'appelle* ce produit ?

→ Connaissez-vous l'*appellation* de ce produit ?

この製品の名前をごぞんじですか。

applaudir ⇨ *applaudissement*

Le retour du député fut salué par la foule qui l'*applaudissait*.

→ Le retour du député fut salué par les *applaudissements* de la foule.

議員の帰還は群衆の拍手に迎えられた。

appliquer ⇨ *application*

Il est nécessaire d'*appliquer* rigoureusement la loi.

→ L'*application* rigoureuse de la loi est nécessaire.

法律を厳格に適用することが必要だ。

apporter ⇨ *apport*

Qu'est-ce que l'étranger *a apporté* dans ce domaine ?

→ Quels sont les *apports* étrangers dans ce domaine ?

この分野で諸外国はどんな貢献を行ったか。

apprécier ⇨ *appréciation*

Il est apparu que le gouvernement *avait* mal *apprécié* la situation économique.

→ L'*appréciation* gouvernementale de la situation économique s'est révélée fausse.

経済情勢についての政府の評価が間違っていたことが明らかになった。

approcher ⇨ *approche*

Quand nous *approchons* de l'école, nous hâtons toujours nos pas.

→ A l'*approche* de l'école, nous hâtons toujours nos pas.

学校に近づくと、いつも私たちは歩を早める。

approfondir ⇨ *approfondissement*

Les États-Unis pensent que, pour *approfondir* leurs liens économiques avec la Chine, une amélioration des droits de l'homme dans ce pays est nécessaire.

→ Les États-Unis posent comme condition à l'*approfondissement* de leurs liens économiques avec la Chine une amélioration des droits de l'homme dans ce pays.

米国は中国との経済関係を深めるには中国における人権問題の改善が必要条件だと考えている。

approuver ⇨ *approbation*

Le nouveau médicament *a été approuvé* par le ministre de la santé.

→ Le nouveau médicament *a eu l'approbation* du ministre de la santé.

新薬は厚生大臣の認可をえた。

approvisionner ⇨ *approvisionnement*

Il faut d'urgence *approvisionner* la ville sinistrée en vivres.

→ L'*approvisionnement* de la ville sinistrée en vivres est une nécessité d'urgence.

被災都市に食糧を補給することが緊急に必要だ。

apte ⇨ *aptitude*

Il s'est montré parfaitement *apte* à ce genre de travail.

→ Il a fait preuve d'une parfaite *aptitude* à ce genre de travail.

彼はこの種の仕事に完全に適していることを示した。

ardent ⇨ *ardeur*

Il s'est montré férocement *ardent* au travail.

→ Il a fait preuve d'une *ardeur* féroce au travail.

彼は仕事にたいして猛烈な熱意を示した。

argumenter ⇨ ① *argumentation* ② *argument*

Il *a argumenté* de manière convaincante pour réconforter son point de vue.

→ ① Il a présenté une *argumentation* convaincante pour réconforter son point de vue.

自分の見解を補強するために彼は説得力のある論証を行った。

② Il a avancé des *arguments* convaincants pour réconforter son point de vue.

自分の見解を補強するために彼は説得力のあるいろいろな論拠を出してきた。

arranger ⇨ *arrangement*

On *a* très bien *arrangé* cet appartement.

→ L'*arrangement* de cet appartement est très réussi.

このアパルトマンは家具調度の配置がじつによくできている。

arrêter ⇨ ① *arrêt* ② *arrestation*

① C'est sa négligence qui *a arrêté* les moteurs de son navire.

→ C'est sa négligence qui a entraîné l'*arrêt* des moteurs de son navire.

彼の不注意が船のエンジンの停止を招いたのだ。

② La police *a arrêté* un criminel.

→ La police a procédé à l'*arrestation* d'un criminel.

警察は一人の犯罪人を逮捕した。

arriver ⇨ *arrivée*

Il attendait avec impatience que le courrier *arrive*.

→ Il attendait avec impatience l'*arrivée* du courrier.

彼は首を長くして郵便がくるのを待っていた。

arroser ⇨ *arrosage*

Il faut *arroser* cet arbre chaque jour.

→ L'*arrosage* de cet arbre doit se faire chaque jour.

この木には毎日水をやる必要がある。

aspirer ⇨ *aspiration*

Quand on *aspire* ce gaz, on tombe en défaillance.

→ L'*aspiration* de ce gaz provoque une défaillance.

このガスを吸ったら失神を起こすだろう。

assainir ⇨ *assainissement*

Il faut encore du temps pour *assainir* le secteur financier nippon.

→ L'*assainissement* du secteur financier nippon prendra encore du temps.

日本の金融部門の正常化にはまだ時間がかかるだろう。

assassiner ⇨ *assassinat*

Le président *a été assassiné* dans des conditions mystérieuses.

→ L'*assassinat* du président a été commis dans des conditions mystérieuses.

大統領は謎に包まれた状況の中で暗殺された。

assimiler ⇨ *assimilation*

Il est difficile pour des personnes âgées d'*assimiler* tant de nouvelles connaissances scientifiques.

→ L'*assimilation* de tant de nouvelles connaissances scientifiques est difficile pour des personnes âgées.

高齢者にとってこれだけ多くの新しい科学知識を身につけるのはむずかしいことだ。

attaquer ⇨ *attaque*

A ce moment-là, l'ennemi commença à nous *attaquer* violemment.

→ A ce moment-là, l'ennemi déclencha une violente *attaque* contre nous.

その時、敵は我々にたいし猛攻を開始した。

atteindre ⇨ *atteinte*

On ne peut pas *atteindre* cette branche-là.

→ Cette branche-là est hors d'*atteinte*.

あの枝にはとどきません。

Il vaut mieux différer la publication d'une information de nature à l'*atteindre* dans ses intérêts.

→ Il vaut mieux différer la publication d'une information de nature à porter *attcinte* à ses intérêts.

彼（彼女）の利益を侵害する性質の情報を発表するのは延期したほうがよい。

attendre ⇨ *attente*

En attendant une éventuelle relance des négociations, l'armée et la police ont envoyé d'importants renforts dans la région.

→ Dans l'*attente* d'une éventuelle relance des négociations, l'armée et la police ont envoyé d'importants renforts dans la région.

交渉の再開を待つあいだも軍と警察はその地方へ大量の増援部隊を派遣した。

augmenter ⇨ *augmentation*

Nos exportations de voitures *ont augmenté* de 10%.

→ Nos exportations de voitures ont connu une *augmentation* de 10%.

わが国の自動車輸出は 10% 増加した。

austère ⇨ *austérité*

Cet écrivain est célèbre pour son style *austère*.

→ Cet écrivain est célèbre pour l'*austérité* de son style.

この作家は引き締った文体で有名だ。

authentique ⇨ *authenticité*

Que ce tableau soit *authentique* est incontestable.

→ L'*authenticité* de ce tableau est incontestable.

この絵が本物であることは議論の余地がない。

autonome ⇨ *autonomie*

Cette région est récemment devenue *autonome*.

→ Cette région a récemment acquis son *autonomie*.

この地域は最近自治区になった。

autoriser ⇨ *autorisation*

Le Parlement vient d'*autoriser* le tribunal à inculper les quatre députés.

→ Le Parlement vient d'accorder au tribunal l'*autorisation* d'inculper les quatre députés.

国会は裁判所にその 4 人の議員の起訴を許諾した。

avancer ⇨ *avance*

Les manifestants ont continué à *avancer*.

→ L'*avance* des manifestants s'est poursuivie.

デモ隊は前進をつづけた。

avouer ⇨ *aveu*

Il *a avoué* sa faute.

→ Il a fait l'*aveu* de sa faute.

彼は自分の過失を認めた。

B

baisser ⇨ *baisse*

Les décès dus au sida *ont baissé* de 60% en un an.

→ Les décès dus au sida ont enregistré [ont connu] une *baisse* de 60% en un an.

エイズによる死亡が1年で60%の減少をみた。

balader (se) ⇨ *balade*

Nous *nous sommes baladés* à travers les rizières.

→ Nous avons fait une *balade* à travers les rizières.

私たちは田んぼの間を散歩した。

balbutier ⇨ *balbutiement*

Cette technique vient d'être mise au point ; elle ne fait que *balbutier*.

→ Cette technique vient d'être mise au point ; elle en est encore à ses *balbutiements*.

この技術は開発されたばかりで、まだよちよち歩きの段階だ。

banal ⇨ *banalité*

Ce tableau est très *banal*.

→ Ce tableau est d'une grande *banalité*.

この絵はまったく月並みだ。

barbare ⇨ *barbarie*

Ces pratiques *barbares* ont été dénoncées par différentes organisations des droits de l'homme.

→ La *barbarie* de ces pratiques a été dénoncée par différentes organisations des droits de l'homme.

こうした野蛮な慣習はさまざまな人権擁護団体に告発された。

bavarder ⇨ *bavardage*

Finissez de *bavarder* !

→ Finissez vos *bavardages* !

おしゃべりをおやめなさい。

beau ⇨ *beauté*

Ce paysage est très *beau* !

→ Ce paysage est d'une grande *beauté* !

この景色はじつに美しい。

bienveillant ⇨ *bienveillance*

Elle s'est montrée *bienveillante* à mon égard.

→ Elle a montré de la *bienveillance* à mon égard.

彼女は私に好意を示してくれた。

bizarre ⇨ *bizarrerie*

Ce fait divers était *bizarre* ; nous nous en sommes beaucoup amusés.

→ Nous nous sommes beaucoup amusés de la *bizarrerie* de ce fait divers.

この三面記事は奇妙だったので、私たちはそれをすごく面白がった。

blanc, blanche ⇨ *blancheur*

La couleur *blanche* de cette porcelaine est incomparable.

→ La *blancheur* de cette porcelaine est incomparable.

この磁器の白さはくらべるものがないほどだ。

blesser ⇨ *blessure*

Il *a été blessé* au genou.

→ Il a eu une *blessure* au genou.

彼はひざに怪我をした。

bloquer ⇨ *blocage*

Le projet *est bloqué* par l'opposition des habitants, il faut le constater.

→ Il faut constater le *blocage* du projet par l'opposition des habitants.

住民の反対で計画が阻止されていることは知っておく必要がある。

bouleverser ⇨ *bouleversement*

Le phénomène El Niño menace parfois de *bouleverser* le climat de la Terre.

→ Le phénomène El Niño menace parfois de provoquer un *bouleversement* du climat de la Terre.

エルニーニョ現象は時として地球の気候を大混乱におとしいれる恐れがある。

boycotter ⇨ *boycottage*

On *a boycotté* les produits japonais, entraînant un refroidissement des relations de ce pays avec le Japon.

→ Le *boycottage* des produits japonais a entraîné un refroidissement des relations de ce pays avec le Japon.

日本製品不買運動があったので、この国の対日関係は冷え込んだ。

brave ⇨ *bravoure*

Ils se sont montrés très *braves* lors de l'inondation.

→ Ils ont montré une grande *bravoure* lors de l'inondation.

洪水のとき、彼らは大いに勇気あるところを見せた。

bref, brève ⇨ *brièveté*

Sa conférence a été *brève*, ce qui a surpris l'assistance.

→ La *brièveté* de sa conférence a surpris l'assistance.

彼の講演は短くて、聴衆を驚かせた。

bricoler ⇨ ***bricolage***

Mon passe-temps favori, c'est de *bricoler*.

→ Mon passe-temps favori, c'est le *bricolage*.

私の趣味は日曜大工です。

bronzer ⇨ ***bronzage***

Cette crème permet de ne pas *bronzer*.

→ Cette crème permet de freiner le *bronzage*.

このクリームは日焼けを抑制するはたらきがある。

brûler ⇨ ***brûlure***

Pierre s'est fait *brûler* au coude.

→ Pierre s'est fait une *brûlure* au coude.

ピエールは肘に火傷をした。

brutal ⇨ ***brutalité***

Les soldats de l'armée occupante ont été très *brutaux* avec les prisonniers.

→ Les soldats de l'armée occupante ont été d'une grande *brutalité* avec les prisonniers.

占領軍の兵士は捕虜にたいしてたいへん乱暴だった。

C

cadrer ⇨ ***cadrage***

Cette photo *est* mal *cadrée*.

→ Le *cadrage* de cette photo est mauvais.

この写真はフレーミングが悪い。

cambrioler ⇨ *cambriolage*

Où étiez-vous quand son appartement *a été cambriolé* ?

→ Où étiez-vous au moment du *cambriolage* de son appartement ?

彼（彼女）のアパートが空き巣にやられたときあなたはどこにいましたか。

canaliser ⇨ *canalisation*

Lors du pèlerinage à La Mecque, chaque année, les efforts déployés par les autorités saoudiennes pour *canaliser* les foules sont énormes.

→ Lors du pèlerinage à La Mecque, la *canalisation* des foules demande chaque année des efforts énormes de la part des autorités saoudiennes.

毎年、メッカへの巡礼の時期、サウジ・アラビア当局が群集を誘導するのに払う努力はたいへんなものだ。

capable ⇨ *capacité*

Il se demande si son fils est *capable* de se concentrer sur son travail.

→ Il s'interroge sur la *capacité* de son fils à se concentrer sur son travail.

彼は息子が仕事に集中する能力があるかどうかと考えている。

capituler ⇨ *capitulation*

Le changement de situation a obligé les rebelles à *capituler*.

→ Le changement de situation a obligé les rebelles à la *capitulation*.

状況の変化が反乱分子を降伏に追い込んだ。

capricieux, ieuse ⇨ *caprice*

Sa femme est *capricieuse*.

→ Sa femme fait des *caprices*.
彼の妻は気まぐれだ。

capturer ⇨ *capture*

C'est difficile de *capturer* cet animal.

→ La *capture* de cet animal est difficile.

この動物を捕獲するのはむずかしい。

céder ⇨ *cession*

Cette convention prévoyait de *céder* l'île de Hongkong à la Grande-Bretagne.

→ Cette convention prévoyait la *cession* de l'île de Hongkong à la Grande-Bretagne.

この協定は香港島を英国に譲渡することを予想していた。

célèbre ⇨ *célébrité*

Il ne s'attendait pas à ce qu'il devienne tellement *célèbre*.

→ Il ne s'attendait pas à une telle *célébrité*.

彼は自分がこんなに有名になるとは思っていなかった。

censurer ⇨ *censure*

Cette émission a été largement *censurée*.

→ Cette émission a subi une *censure* importante.

この放送は検閲で大幅にカットされた。

chanter ⇨ *chantage*

Cet escroc a fait *chanter* un homme politique.

→ Cet escroc s'est livré à un *chantage* sur un homme politique.

この詐欺師はひとりの政治家をゆすった。

clair ⇨ *clarté*

Le mur blanc rend cet appartement très *clair*.

→ Le mur blanc donne une grande *clarté* à cet appartement.

白い壁がこのアパルトマンをたいへん明るくしている。

claquer ⇨ *claquement*

J'ai sursauté en entendant une porte qui *claquait*.

→ J'ai sursauté en entendant le *claquement* d'une porte.

私は戸がバタンと閉まるのを聞いて飛び上がった。

classer ⇨ *classement*

J'ai mis trois jours à *classer* tous ces documents.

→ Le *classement* de tous ces documents m'a pris trois jours.

すべてこれらの書類の分類に3日かかった。

cohabiter ⇨ *cohabitation*

Cohabiter nous a posé beaucoup de problèmes.

→ La *cohabitation* nous a posé beaucoup de problèmes.

一緒に暮らすことは私たちには多くの問題があった。

cohérent ⇨ *cohérence*

Sa communication était *cohérente*, cela m'a beaucoup impressionné.

→ La *cohérence* de sa communication m'a beaucoup impressionné.

彼の研究発表は理路整然としていて私に感銘を与えた。

collaborer ⇨ *collaboration*

Nous n'aurions pas pu réaliser ce projet, si vous n'y aviez pas *collaboré*.

→ Nous n'aurions pas pu réaliser ce projet sans votre *collaboration*.

あなたの協力がなければ私たちはこの計画を実現することが出来なかったでしょう。

collectionner ⇨ *collection*

Il *collectionne* les billets de quai.

→ Il fait *collection* de billets de quai.

彼は駅の入場券を集めている。

combatif, ive ⇨ *combativité*

Les troupes se sont montrées très *combatives*.

→ Les troupes ont montré [ont fait preuve d'] une grande *combativité*.

軍隊はおおいに戦意を発揮した。

commander ⇨ *commande*

Ce n'est pas ce que j'*ai commandé*.

→ Ce n'est pas ma *commande*.

これは私が注文したものではない。

compatissant ⇨ *compassion*

Elle m'a adressé des paroles *compatissantes*.

→ Elle m'a adressé des paroles pleines de *compassion*.

彼女は私に思いやりにあふれた言葉をかけてくれた。

compenser ⇨ *compensation*

Le patron m'a offert une rémunération élevée pour *compenser* le danger du travail.

→ Le patron m'a offert une rémunération élevée en *compensation* du danger du travail.

ボスは仕事が危険であることの代償に高い報酬をくれた。

compétent ⇨ *compétence*

Je ne suis pas du tout *compétent* en cette matière.

→ Je n'ai aucune *compétence* en cette matière.

私はこの方面ではまったく専門的知識がありません。

compétitif, ive ⇨ *compétitivité*

L'entreprise s'est montrée très *compétitive* dans ce secteur.

→ L'entreprise a montré [a fait preuve d'] une grande *compétitivité* dans ce secteur.

この企業はこの部門では大きな競争力を示した。

complaisant ⇨ *complaisance*

La presse se montre *complaisante* envers le pouvoir, cela

complexe

m'écœure.

→ La *complaisance* de la presse envers le pouvoir m'écœure.
権力へのマスコミの迎合ぶりにはへどが出そうだ。

complexe ⇨ *complexité*

Le problème est très *complexe*.

→ Le problème est d'une grande *complexité*.
問題はひじょうに複雑だ。

complice ⇨ *complicité*

La police a démontré qu'il était *complice* du vol.

→ La police a démontré sa *complicité* dans le vol.
警察は彼が窃盗の共犯であることを証明した。

complimenter ⇨ *compliment*

Tout le monde l'a *complimentée* sur sa robe.

→ Tout le monde lui a fait des *compliments* sur sa robe.
みんな彼女にワンピースのことでお世辞を言った。

compliqué ⇨ *complication*

Le fait que la situation était *compliquée* a retardé la décision.

→ La *complication* de la situation a retardé la décision.
情勢が混み入っていたことが決定を遅らせた。

comprendre ⇨ *compréhension*

Ce livre est difficile à *comprendre*.

→ Ce livre est d'une *compréhension* difficile.
この本は理解しにくい。

concentrer ⇨ *concentration*

Il a du mal à se *concentrer*.

→ Il a des difficultés de *concentration*.
彼は精神を集中させるのが苦手だ。

concevoir ⇨ *conception*

Une telle machine est difficile à *concevoir*.
→ Une telle machine n'est pas d'une *conception* facile.
このような機械はなかなか思いつけるものではない。

conclure ⇨ *conclusion*

Ces observations menèrent Galilée à *conclure* que la Terre tourne autour du Soleil.
→ Ces observations menèrent Galilée à la *conclusion* que la Terre tourne autour du Soleil.
こうした観察がガリレオを地球が太陽のまわりを回っているという結論へ導いた。

concorder ⇨ *concordance*

Que leurs témoignages *concordent* m'a impressionné.
→ La *concordance* de leurs témoignages m'a impressionné.
彼らの証言は一致しており、私は感銘を受けた。

concurrent ⇨ *concurrence*

Ces deux entreprises sont directement *concurrentes*.
→ Ces deux entreprises sont en *concurrence* directe.
この2つの企業は直接競争関係にある。

condamner ⇨ *condamnation*

Faute de preuve, l'affaire n'a pas abouti à le *condamner*.
→ Faute de preuve, l'affaire n'a pas abouti à sa *condamnation*.
証拠がないので、事件は彼を有罪にするという決着にならなかった。

conduire (se) ⇨ *conduite*

Elle *se conduit* mal.
→ Elle a une mauvaise *conduite*.
彼女は素行がわるい。

confiant ⇨ *confiance*

Paul est un garçon très *confiant*.
→ Paul fait *confiance* à tout le monde.

ポールはすぐ人を信じる子だ。

confier ⇨ *confidence*

Nicole *s'est confiée* à Catherine.

→ Nicole a fait une *confidence* à Catherine.

ニコルはカトリーヌに本心を打ち明けた。

confirmer ⇨ *confirmation*

Il m'*a confirmé* cette nouvelle.

→ Il m'a donné la *confirmation* de cette nouvelle.

彼はこのニュースが正しいことを私に確信させてくれた。

confondre ⇨ *confusion*

Il *a confondu* Nicole et Catherine.

→ Il a fait une *confusion* entre Nicole et Catherine.

彼はニコルとカトリーヌを取り違えた。

conforme ⇨ *conformité*

Cette voiture est *conforme* aux normes de sécurité.

→ Cette voiture est en *conformité* avec les normes de sécurité.

このクルマは安全基準に一致している。

confronter ⇨ *confrontation*

On *a confronté* hier les intéressés de l'accident.

→ La *confrontation* des intéressés de l'accident a eu lieu hier.

事故の当事者たちの対決が昨日行なわれた。

consentir ⇨ *consentement*

Elle s'est mariée avec lui sans demander à ses parents s'ils y *consentaient*.

→ Elle s'est mariée avec lui sans le *consentement* de ses parents.

彼女は両親の賛成を得ずに彼と結婚した。

conserver ⇨ *conservation*

Il nous faut avant tout *conserver* la compétitivité de nos entreprises.

→ Nous devons faire passer avant tout la *conservation* de la compétitivité de nos entreprises.

わが国の企業の競争力の維持を何よりも優先させなければなならない。

considérer ⇨ *considération*

Une telle tentative conduirait à ne pas *considérer* les préoccupations éthiques.

→ Une telle tentative conduirait à ne pas prendre en *considération* les préoccupations éthiques.

そのような企てば倫理上の懸念を考慮しない方向へみちびくことになろう。

consistant ⇨ *consistance*

Avec le temps, l'information devient *consistante*.

→ Avec le temps, l'information prend de la *consistance*.

時がたつにつれてその情報は確かなものになってきた。

consoler ⇨ *consolation*

Seule la prière me *console*.

→ La prière est la seule *consolation* pour moi.

祈りだけが私の慰めだ。

consolider ⇨ *consolidation*

Leur espoir révolutionnaire a été rendu illusoire par le fait que le capitalisme avait été *consolidé*.

→ Leur espoir révolutionnaire a été rendu illusoire par la *consolidation* du capitalisme.

彼らの革命の希望は資本主義が強化されたことで幻影となった。

consommer ⇨ *consommation*

Les Français *consomment* beaucoup de fromage.

→ La *consommation* de fromage est importante chez les Français.

フランス人のチーズ消費量は大きい。

conspirer ⇨ *conspiration*

Les révolutionnaires *conspiraient* pour renverser le roi.

→ Les révolutionnaires fomentaient une *conspiration* pour renverser le roi.

革命党員は王を倒す陰謀を企てていた。

constant ⇨ *constance*

On reconnaît que sa fidélité au parti est *constante*.

→ On reconnaît la *constance* de sa fidélité au parti.

党にたいする彼の忠誠心が不動であることは皆の認めるところだ。

constater ⇨ *constatation*

Nous avons parlé de ce qu'il *avait constaté*.

→ Nous avons parlé de ses *constatations*.

われわれは彼が観察した結果について話し合った。

constituer ⇨ *constitution*

J'ai mis trois jours à *constituer* ce dossier.

→ La *constitution* de ce dossier m'a pris trois jours.

この文書の作成には3日かかった。

construire ⇨ *construction*

La mairie a renoncé à *construire* une usine d'incinération.

→ La mairie a renoncé à la *construction* d'une usine d'incinération.

市役所はごみ焼却場の建設を断念した。

consulter ⇨ *consultation*

Le ministère de la santé a commencé à *consulter* des spécialistes à ce sujet.

→ Le ministère de la santé est entré en *consultation* avec des spécialistes à ce sujet.

厚生省はその件で専門家との協議を始めた。

contacter ⇨ *contact*

Ils ont tout intérêt à *contacter* cette association.

→ Ils ont tout intérêt à prendre *contact* avec cette association.

彼らはこの団体に連絡するのがだんぜん得だ。

contagieux, euse ⇨ *contagion*

Cette maladie est *contagieuse*.

→ Cette maladie se communique par *contagion*.

この病気は伝染する。

contaminer ⇨ *contamination*

Le risque d'*être contaminé* par le virus de l'hépatite est très élevé.

→ Le risque de *contamination* par le virus de l'hépatite est très élevé.

Ｃ型肝炎ウィールスに感染する危険はたいへん大きい。

contempler ⇨ *contemplation*

Ils *contemplaient* les chutes Victoria, au Zimbabwe.

→ Ils étaient en *contemplation* devant les chutes Victoria, au Zimbabwe.

彼らはジンバブエのヴィクトリア瀑布に見入っていた。

contenir ⇨ *contenance*

Cette bonbonne *contient* trois kilos de gaz.

→ La *contenance* de cette bonbonne est de trois kilos.

このビンには３キロのガスがはいる。

content ⇨ *contentement*

Elle est *contente*, cela s'exprime dans cette lettre.

→ Son *contentement* s'exprime dans cette lettre.

彼女が喜んでいることはこの手紙に表われている。

contester ⇨ *contestation*

Ils ont obéi à cet ordre sans *contester*.

→ Ils ont obéi à cet ordre sans *contestation*.

彼らはその命令に文句をいわずに服従した。

continuer ⇨ *continuation*

La Chine tient à *continuer* sa politique d'ouverture.

→ La Chine tient à la *continuation* de sa politique d'ouverture.

中国はその開放政策の継続を強く望んでいる。

contracter ⇨ *contraction*

On a constaté que l'offre de crédit *se contractait* dans beaucoup de banques.

→ On a constaté une *contraction* de l'offre de crédit dans beaucoup de banques.

多くの銀行で貸し渋りがみられた。

contraindre ⇨ *contrainte*

Ces circonstances les *ont contraints* à quitter leur patrie.

→ Ils ont quitté leur patrie sous la *contrainte* de ces circonstances.

この状況で彼らはやむをえず祖国を去った。

contrarier ⇨ *contrariété*

Cette proposition l'*a* beaucoup *contrariée*.

→ Cette proposition lui a provoqué une grande *contrariété*.

この提案は彼女におおきな不快感をあたえた。

contraster ⇨ *contraste*

Les inondations records au nord des États-Unis *contrastent* avec la sévère sécheresse qui a frappé le Sud-Ouest du pays.

→ Les inondations records au nord des États-Unis font *contraste* avec la sévère sécheresse qui a frappé le Sud-Ouest du pays.

米国北部の記録的大洪水は南西部を襲ったきびしい干ばつと対照的だ。

contredire ⇨ *contradiction*

La réalité *contredit* la théorie.

→ Il y a *contradiction* entre la réalité et la théorie. / La réalité est en *contradiction* avec la théorie.

現実は理論と矛盾している。

contribuer ⇨ *contribution*

Les femmes *contribuent* de façon toute particulière à l'humanité en assurant son renouvellement.

→ Les femmes apportent une *contribution* toute particulière à l'humanité en assurant son renouvellement.

女性は人類の再生を保証することによって人類に独特の貢献をしている。

contrôler ⇨ *contrôle*

Cette commission est chargée de *contrôler* le respect de la loi par les établissements de crédit.

→ Cette commission est chargée d'assurer le *contrôle* du respect de la loi par les établissements de crédit.

この委員会は金融機関による法の遵守を監督することを任務としている。

convaincre ⇨ *conviction*

Je *suis convaincu* qu'il existe d'autres êtres ailleurs dans l'Univers.

→ J'ai la *conviction* qu'il existe d'autres êtres ailleurs dans l'Univers.

私は宇宙のほかの場所に他の生物が存在していると確信している。

convenir ⇨ *convenance*

Le dictateur a réformé les institutions comme il lui *convenait*.

→ Le dictateur a réformé les institutions à sa *convenance*.

独裁者は好き勝手に制度を改革した。

converger ⇨ *convergence*

On reconnaît que le cinéma, la musique et l'informatique *convergent* dans une nouvelle forme de divertissement reposant sur les technologies numériques.

→ On reconnaît la *convergence* du cinéma, de la musique et de l'informatique dans une nouvelle forme de divertissement reposant sur les technologies numériques.

映画と音楽と情報技術がディジタル技術による新しい娯楽の形式のなかで融合することは誰しもが認めるところである。

convertir ⇨ *conversion*

Il n'est pas facile de *convertir* la monnaie de ce pays en dollars.

→ La *conversion* de la monnaie de ce pays en dollars n'est pas facile.

この国の通貨をドルに換金するのはむずかしい。

convoquer ⇨ *convocation*

Le Premier ministre a annoncé qu'il allait *convoquer* des élections législatives pour le 22 septembre.

→ Le Premier ministre a annoncé la *convocation* d'élections législatives pour le 22 septembre.

首相は9月22日の総選挙の公布を発表した。

coopérer ⇨ *coopération*

L'économie nationale a besoin que tous les secteurs *coopèrent* à cette pénible tâche de restructuration.

→ L'économie nationale a besoin de la *coopération* de tous les secteurs pour cette pénible tâche de restructuration.

国家経済はすべての部門がリストラというこのつらい仕事に協力することを必要としている。

coordonner ⇨ *coordination*

L'école et la mairie *ont* mal *coordonné* leurs efforts.

→ Il y a eu un manque de *coordination* entre les efforts de l'école et de la mairie.

学校と市当局との調整がうまくついていない。

correct ⇨ *correction*

Il s'est montré tout à fait *correct* avec elle.

→ Il s'est montré d'une parfaite *correction* avec elle.

彼は彼女にたいしてきちんと振舞った。

correspondre ⇨ *correspondance*

Ce qu'il raconte ne *correspond* pas à la réalité.

→ Il n'y a pas de *correspondance* entre ce qu'il raconte et la réalité.

彼の語ることと実際とは合致していない。

corriger ⇨ *correction*

Le professeur a mis dans la marge les fautes qu'il *a corrigées* en rouge.

→ Le professeur a mis dans la marge ses *corrections* en rouge.

先生は赤で添削した誤りを欄外に書いた。

corrompre ⇨ *corruption*

Il a été jugé pour avoir tenté de *corrompre* des fonctionnaires des impôts.

→ Il a été jugé pour tentative de *corruption* de fonctionnaires des impôts.

彼は税務署の役人を買収しようとしたかどで裁きを受けた。

cotiser ⇨ *cotisation*

Je dois *cotiser* à cette association sportive.

→ Je dois verser une *cotisation* à cette association sportive.

このスポーツクラブに会費を納めなければならない。

coudre ⇨ *couture*

Il faut que les garçons aussi apprennent à *coudre*.

→ Il faut que les garçons aussi apprennent la *couture*.

男の子も裁縫を憶えるべきだ。

coupable ⇨ *culpabilité*

L'enquête a prouvé que l'employé était *coupable*.

→ L'enquête a prouvé la *culpabilité* de l'employé.

調査の結果その従業員が有罪であることが証明された。

couper ⇨ *coupure / coupe*

Elle *s'est coupée* avec des ciseaux.

→ Elle s'est fait une *coupure* avec des ciseaux.

彼女はハサミで切り傷を負った。

Il s'est fait *couper* les cheveux.

→ Il s'est fait faire une *coupe* de cheveux.

彼は散髪をした。

courageux, euse ⇨ *courage*

Il s'est montré très *courageux*.

→ Il a montré un grand *courage*. / Il a fait preuve d'un grand courage.

彼はたいへん勇気のあるところを見せた。

courir ⇨ *course*

Quand il *courait*, l'enfant a buté sur une pierre.

→ Dans sa *course*, l'enfant a buté sur une pierre.

走っていたとき子供は石につまづいた。

coûter ⇨ *coût*

Combien *coûte* la réparation de cette voiture ?

→ Quel est le *coût* de la réparation de cette voiture ?

このクルマの修理代はいかほどですか。

craindre ⇨ *crainte*

Elle a fermé la porte à clé *en craignant* les voleurs.
→ Elle a fermé la porte à clé par *crainte* des voleurs.
彼女は泥棒を恐れて戸に鍵をかけた。

crédible ⇨ *crédibilité*

Le Japon souffrait de ne pas être *crédible*.
→ Le Japon souffrait d'un manque de *crédibilité*.
日本は（他国からの）信用がないことに悩んでいた。

créer ⇨ *création*

Le programme japonais de lutte contre le chômage prévoyait de *créer* 700 000 emplois.
→ Le programme japonais de lutte contre le chômage prévoyait 700 000 *créations* d'emplois.
日本の失業対策計画は70万人分の雇用創出を予定していた。

crier ⇨ *cri*

L'enfant *a crié* de peur.
→ L'enfant a poussé un *cri* de peur.
子供は恐怖の叫びをあげた。

criminel, elle ⇨ *crime*

Cette secte a commis un acte *criminel* inadmissible dans une société démocratique
→ Cette secte a commis un *crime* inadmissible dans une société démocratique.
この教団は民主主義社会では容認できない犯罪行為を犯した。

critiquer ⇨ *critique*

Cette réglementation *a été* vivement *critiquée* par certains pays.
→ Cette réglementation a fait l'objet d'une vive *critique* de la part de certains pays.
この規制措置はある国々から激しく批判された。

croître ⇨ *croissance*

Le Japon a annoncé que son produit intérieur brut *a crû* de 1,9% au premier trimestre de cette année par rapport au quatrième trimestre 1998.

→ Le Japon a annoncé une *croissance* de 1,9% de son produit intérieur brut au premier trimestre de cette année par rapport au quatrième trimestre 1998.

日本はその国内総生産（GDP）が1998年度第4四半期にたいして今年の第1四半期には1.9％伸びたと発表した。

cruel, elle ⇨ *cruauté*

Il existe un préjugé enraciné sur les Japonais *cruels*, souvenir, sans doute, des atrocités de la guerre, mais ce peuple fait preuve aussi d'une sensibilité profonde.

→ Il existe un préjugé enraciné sur la *cruauté* des Japonais, souvenir, sans doute, des atrocités de la guerre, mais ce peuple fait preuve aussi d'une sensibilité profonde.

おそらく戦争中の残虐行為の記憶として、残酷な日本人についての根強い偏見が存在する。しかしこの国民はまた深い感受性も示している。

cuire ⇨ *cuisson*

Lors du grand séisme de Hanshin, les victimes ont formé de petites communautés qui se sont organisées pour faire *cuire* des boulettes de riz préparées.

→ Lors du grand séisme de Hanshin, les victimes ont formé de petites communautés qui se sont organisées pour la *cuisson* des boulettes de riz préparées.

阪神大震災のとき被災者たちは地区ごとに小さな共同体を組織しておにぎりの炊き出しをした。

cuisiner ⇨ *cuisine*

De plus en plus de jeunes gens ne savent pas *cuisiner*.

→ De plus en plus de jeunes gens ne savent pas faire la *cuisine*.

料理ができない若者が多くなっている。

culturel, elle ⇨ *culture*

Dans les échanges internationaux, on devrait tenir suffisamment compte des particularités *culturelles* de chaque pays.

→ Dans les échanges internationaux, on devrait tenir suffisamment compte de la *culture* particulière de chaque pays.

国際交流ではそれぞれの国の文化的特殊性を十分に考慮しなければならないだろう。

curieux, ieuse ⇨ *curiosité*

Le fait d'être *curieux* aide à enrichir ses connaissances.

→ La *curiosité* aide à enrichir ses connaissances.

好奇心は知識を豊かにするたすけになる。

D

dangereux, euse ⇨ *danger*

Les délocalisations sont-elles *dangereuses* ?

→ Les délocalisations sont-elles un *danger* ?

国外移転は危険だろうか？

déballer ⇨ *déballage*

Les manutentionnaires *ont déballé* les marchandises.

→ Les manutentionnaires ont procédé au *déballage* des marchandises.

貨物取扱係は貨物の荷ほどきをした。

débarquer ⇨ *débarquement*

Les troupes alliées *ont débarqué* en Normandie le 6 juin 1944.

→ Le *débarquement* des troupes alliées en Normandie a eu lieu le 6 juin 1944.

連合国軍のノルマンディ上陸は1944年6月6日に決行された。

déboucher ⇨ *débouché*

Ces études ne *débouchent* sur rien.

→ Ces études n'ont aucun *débouché*.

この専攻分野は全然就職口がない。

décéder ⇨ *décès*

Le médecin a constaté que le patient *était décédé*.

→ Le médecin a constaté le *décès* du patient.

医師は患者の死亡を確認した。

décevoir ⇨ *déception*

Cet échec l'*a* beaucoup *déçu*.

→ Cet échec lui a causé une grande *déception*.

この挫折は彼をたいへん失望させた。

décharger ⇨ *déchargement*

Les dockers *ont déchargé* le cargo.

→ Les dockers ont procédé au *déchargement* du cargo.

港湾労働者は貨物船の荷下しをした。

déchirer ⇨ *déchirure*

Il *a déchiré* son pantalon à un clou.

→ Il a fait une *déchirure* à son pantalon à un clou.

彼は釘に引っ掛けてズボンに裂け目をつくった。

décider ⇨ *décision*

Il *a décidé* de s'installer en province.

→ Il a pris la *décision* de s'installer en province.

彼は田舎に身を落ち着けることにきめた。

déclencher ⇨ *déclenchement*

Cet incident a *déclenché* la guerre.

→ Cet incident a été à l'origine du *déclenchement* de la guerre.

この事件が戦争勃発のきっかけとなった。

décoller ⇨ *décollage*

Pendant que l'avion *décolle*, les passagers doivent attacher leur ceinture de sécurité.

→ Pendant le *décollage*, les passagers doivent attacher leur ceinture de sécurité.

飛行機の離陸時には乗客は安全ベルトをつけなければならない。

décontracter ⇨ *décontraction*

Le yoga aide à *décontracter* le corps.

→ Le yoga aide à la *décontraction* du corps.

ヨーガは体の緊張をほぐすのに役立つ。

découper ⇨ *découpage*

La transplantation des organes rencontre toujours au Japon une réticence culturelle à l'idée de *découper* des corps.

→ La transplantation des organes rencontre toujours au Japon une réticence culturelle au *découpage* du corps.

臓器移植は日本ではあいかわらず肉体を切り取ることへの文化的ためらいを引き起している。

décourager ⇨ *découragement*

Il a appris son échec, mais cela ne l'*a* pas *découragé*.

→ Il a appris son échec, mais il ne s'est pas laissé aller au *découragement*.

彼は不合格を知ったが、落胆しなかった。

découvrir ⇨ *découverte*

Après *avoir découvert* ces documents, les gens ont commen-

décrire

cé à s'intéresser à l'histoire de leur village.

→ A la suite de la *découverte* de ces documents, les gens ont commencé à s'intéresser à l'histoire de leur village.

それらの資料が見つかったあと、人々は村の歴史に興味を持ち始めた。

décrire ⇨ *description*

Décrivez minutieusement cet accident.

→ Faites une *description* minutieuse de cet accident.

その事故を詳しく描写してください。

dédommager ⇨ *dédommagement*

La compagnie pétrolière américaine Exxon a annoncé qu'elle allait verser aux Esquimaux 20 millions de dollars , pour les *dédommager* des ressources perdues lors de la marée noire provoquée.

→ La compagnie pétrolière américaine Exxon a annoncé qu'elle allait verser aux Esquimaux 20 millions de dollars, en *dédommagement* des ressources perdues lors de la marée noire provoquée.

米国の石油会社エクソンは（タンカーの）海洋汚染のさい失われた資源の代償としてイヌイットの人たちに2000万ドルを支払うつもりであると発表した。

déduire ⇨ *déduction*

Mille francs *ont été déduits* de mes impôts.

→ Il y a eu une *déduction* de mille francs sur mes impôts.

私の税金から千フランが控除された。

défendre ⇨ *défense*

Il *est défendu* de marcher sur la pelouse.

→ *Défense* de marcher sur la pelouse.

芝生の上を歩くことをを禁ずる。

déficitaire ⇨ *déficit*

Les comptes d'Olivetti sont *déficitaires* depuis cinq ans.

→ Les comptes d'Olivetti sont en *déficit* depuis cinq ans.

オリヴェッティ社の財政はこの5年間赤字である。

défiler ⇨ *défilé*

Nous avons regardé les manifestants *défiler*.

→ Nous avons regardé le *défilé* des manifestants.

私たちはデモ隊の行進を眺めた。

définir ⇨ *définition*

Définissez-moi ce terme technique avec plus de précision.

→ Donnez-moi une *définition* plus précise de ce terme technique.

この技術用語をもっと精密に定義してください。

déformer ⇨ *déformation*

Le choc *a déformé* le guidon de mon vélo.

→ Le choc a provoqué une *déformation* du guidon de mon vélo.

ぶつかったはずみで私の自転車のハンドルがゆがんだ。

dégoûter ⇨ *dégoût*

Je *suis dégoûté* de son hypocrisie.

→ J'ai du *dégoût* pour son hypocrisie.

彼の偽善者ぶりには嫌悪感を覚える。

dégrader ⇨ *dégradation*

Que faire pour éviter que les relations entre les deux pays *se dégradent* ?

→ Que faire pour éviter une *dégradation* des relations entre les deux pays ?

両国の関係が悪化することを避けるにはどうすればよいだろうか。

déguiser ⇨ *déguisement*

Il cherchait à *se déguiser* de façon originale pour ce bal.

délibérer

→ Il cherchait un *déguisement* original pour ce bal.

彼はその舞踏会で奇抜な仮装をたくらんでいた。

délibérer ⇨ *délibération*

Le conseil municipal était en train de *délibérer*.

→ Le conseil municipal était en pleine *délibération*.

市議会は審議の真っ最中であった。

délicat ⇨ *délicatesse*

En prononçant ces paroles, il n'était pas *délicat*.

→ En prononçant ces paroles, il manquait de *délicatesse*.

こんな言葉を口にして、彼は相手にたいして思いやりを欠いていた。

délimiter ⇨ *délimitation*

La commission était chargée de *délimiter* la frontière.

→ La commission était chargée de la *délimitation* de la frontière.

委員会は国境の画定を任務としていた。

délivrer ⇨ *délivrance*

Les prisonniers attendaient avec impatience d'*être délivrés*.

→ Les prisonniers attendaient avec impatience leur *délivrance*.

囚人たちは釈放されることを待ちこがれていた。

demander ⇨ *demandeur*

De plus en plus de gens *demandent* un emploi.

→ Le nombre de *demandeurs* d'emploi va en augmentant.

求職者が増えている。

démanger ⇨ *démangeaison*

Le nez me *démange*.

→ J'ai des *démangeaisons* au nez.

鼻がかゆい。

démarrer ⇨ *démarrage*

Le centre commercial *a* mieux *démarré* que prévu.

→ Le centre commercial a connu un meilleur *démarrage* que prévu.

ショッピングセンターの開幕は予想以上に良かった。

déménager ⇨ *déménagement*

Il *a déménagé* en deux jours.

→ Il a fait son *déménagement* en deux jours.

彼は2日で引っ越しをした。

démentir ⇨ *démenti*

Le Président *a démenti* les accusations portées contre lui.

→ Le Président a opposé un *démenti* aux accusations portées contre lui.

大統領は自分に加えられた非難を否定した。

démissionner ⇨ *démission*

Il a trouvé un travail mieux payé et il *a démissionné*.

→ Il a trouvé un travail mieux payé et il a donné sa *démission*.

彼はもっと給料の良い仕事口を見つけたので辞職した。

démobiliser ⇨ *démobilisation*

Les soldats *seront* bientôt *démobilisés*.

→ La *démobilisation* des soldats aura lieu bientôt.

兵士達はまもなく勤務解除になるだろう。

démocratiser ⇨ *démocratisation*

La baisse du prix des billets d'avion *a démocratisé* les voyages à l'étranger.

→ La baisse du prix des billets d'avion a permis la *démocratisation* des voyages à l'étranger.

航空券が安くなって海外旅行の大衆化が可能になった。

démolir ⇨ *démolition*

On a décidé de *démolir* cet immeuble.

→ On a décidé la *démolition* de cet immeuble.

démonter

このマンションの取り壊しが決定された。

démonter ⇨ *démontage*

Il n'est pas facile de *démonter* cette machine.

→ Le *démontage* de cette machine n'est pas facile.

この機械を分解するのは容易なことではない。

démontrer ⇨ *démonstration*

Eltsine cherchait à *démontrer* la permanence de la diplomatie russe.

→ Eltsine cherchait à faire la *démonstration* de la permanence de la diplomatie russe.

エリツインはロシアの外交の不変性を証明しようと試みていた。

dénigrer ⇨ *dénigrement*

Il ne *dénigre* pas systématiquement ce que font les autres.

→ Son *dénigrement* de ce que font les autres n'est pas systématique.

彼は他人のすることを一律にけなしているのではない。

dénombrer ⇨ *dénombrement*

L'instituteur *a dénombré* les élèves absents.

→ L'instituteur a fait le *dénombrement* des élèves absents.

先生は欠席児童をひとりひとり数え上げた。

dénoncer ⇨ *dénonciation*

L'instituteur n'aime pas qu'un de ses élèves en *dénonce* un autre.

→ L'instituteur n'aime pas les *dénonciations* entre élèves.

先生は生徒が他の生徒の告げ口することを好まない。

dénouer ⇨ *dénouement*

La récession sera bientôt *dénouée*.

→ Le *dénouement* de la récession est proche.

不況の解消は間近い。

dense ⇨ *densité*

Lors de cet incendie de forêt, les fumées étaient si *denses* que l'approche d'hélicoptères ou d'avions était impossible.

→ Lors de cet incendie de forêt, la *densité* des fumées rendait impossible l'approche d'hélicoptères ou d'avions.

この山火事では煙りが濃くてヘリコプターや飛行機も近付けなかった。

dépanner ⇨ *dépannage*

Ils m'ont aidé à *dépanner* ma voiture.

→ Ils ont aidé au *dépannage* de ma voiture.

彼らは私のクルマの修理を手伝ってくれた。

dépasser ⇨ *dépassement*

Ici il est interdit de *dépasser* une autre voiture.

→ Ici le *dépassement* est interdit.

ここでは追い越し禁止である。

dépaysé ⇨ *dépaysement*

En vacances, on se sent toujours *dépaysé*.

→ En vacances, on sent toujours le *dépaysement*.

バカンスはいつも気分転換になる。

dépendre ⇨ *dépendance*

Il est évident que ce pays *dépend* des États-Unis.

→ La *dépendance* de ce pays par rapport aux États-Unis est évidente.

この国の米国への依存は一目瞭然だ。

dépenser ⇨ *dépense*

Ils *dépensent* beaucoup d'énergie pour réussir.

→ Ils font une grande *dépense* d'énergie pour réussir.

彼らは成功するためにおおいにエネルギーを費やす。

dépeupler (se) ⇨ *dépeuplement*

déporter

Les communes rurales *se dépeuplaient* de plus en plus.
→ Le *dépeuplement* des communes rurales s'accentuait.
農村の過疎化が進行していた。

déporter ⇨ *déportation*

Pendant la guerre, des travailleurs étrangers forcés *ont été déportés* dans les usines du Japon.
→ Pendant la guerre, a eu lieu la *déportation* de travailleurs étrangers forcés dans les usines du Japon.
戦争中、外国人の強制労働者が日本の工場に強制連行させられた。

déprimer ⇨ *dépression*

A cause de cet échec, il *est déprimé* en ce moment.
→ A cause de cet échec, il a une *dépression* en ce moment.
この失敗で彼はいま落ち込んでいる。

déranger ⇨ *dérangement*

Elle s'est excusée de m'*avoir dérangé*.
→ Elle s'est excusée auprès de moi de ce *dérangement*.
お邪魔してごめんなさいと彼女は私に言った。

déraper ⇨ *dérapage*

Le vélo *a dérapé* sur le gravier.
→ Le vélo a fait un *dérapage* sur le gravier.
自転車は砂利の上で横滑りした。

dérouler ⇨ *déroulement*

On a admiré la manière dont la cérémonie *s'est déroulée*.
→ On a admiré le *déroulement* de la cérémonie.
式典の進行ぶりにみんな感嘆した。

désappointé ⇨ *désappointement*

Cela me peine de la voir *désappointée* d'avoir échoué à cet examen.
→ Cela me peine de voir son *désappointement* en raison de son

échec à cet examen.

試験に落ちた彼女の落胆ぶりを見ているのはつらい。

désapprouver ⇨ *désapprobation*

Je comprends qu'elle *désapprouve* la conduite de son mari.

→ Je comprends sa *désapprobation* à l'égard de la conduite de son mari.

自分の夫の行動にたいする彼女の非難は私も理解できる。

désarmer ⇨ *désarmement*

L'Allemagne *a été désarmée* en 1945.

→ Le *désarmement* de l'Allemagne s'est effectué en 1945.

ドイツの武装解除は 1945 年に行われた。

désastreux, euse ⇨ *désastre*

L'Arabie Saoudite a mis en garde l'Irak contre les conséquences *désastreuses* de son refus de céder à l'ONU.

→ L'Arabie Saoudite a mis en garde l'Irak, annonçant que les conséquences de son refus de céder à l'ONU provoqueront un *désastre*.

サウジアラビアはイラクが国連に譲歩しなければ悲惨な結末になるだろうと警告した。

descendre ⇨ *descente*

Aprés *être descendu* de l'avion, le Premier ministre japonais a chaleureusement été accueilli par son homologue chinois.

→ À sa *descente* d'avion, le Premier ministre japonais a chaleureusement été accueilli par son homologue chinois.

飛行機から降りて日本の首相は中国の首相の熱烈な歓迎を受けた。

désespérer ⇨ *désespoir*

Il *se désespérait*, vous vous en aperceviez ?

→ Vous vous aperceviez de son *désespoir* ?

彼が絶望していたことに気がついていた？

désintéresser ⇨ *désintéressement*

Paul *se désintéresse* complètement de la politique.

→ Le *désintéressement* de Paul pour la politique est complet.

ポールはまるっきり政治に関心をもっていない。

désinvolte ⇨ *désinvolture*

Je m'étonne qu'il soit *désinvolte* à l'égard de sa voisine.

→ Je m'étonne de sa *désinvolture* à l'égard de sa voisine.

彼が隣の女にたいしてなれなれしいのは驚きだ。

désirer ⇨ *désir*

Il ne cache pas qu'il *désire* conserver les liens avec le parti libéral-démocrate.

→ Il ne cache pas son *désir* de conserver les liens avec le parti libéral-démocrate.

彼は自民党との連携を保持したいという望みを隠していない。

désobéir ⇨ *désobéissance*

Que les enfants d'aujourd'hui *désobéissent* à leurs parents est en partie justifiable.

→ La *désobéissance* des enfants d'aujourd'hui à leurs parents est en partie justifiable.

今の子供達が親の言うことをきかないのにはもっともな部分もある。

désœuvré ⇨ *désœuvrement*

Qu'on soit *désœuvré* indéfiniment est insupportable.

→ Un *désœuvrement* indéfini est insupportable.

際限なく何もやることがないというのは堪え難いことだ。

destiner ⇨ *destination*

A quoi *sont destinées* ces énormes dépenses ?

→ Quelle est la *destination* de ces énormes dépenses ?

この莫大な出費は何に当てられるのか？

détacher ⇨ *détachement*

On voit clairement qu'ils *se détachent* l'un de l'autre.

→ On voit clairement leur *détachement* l'un à l'égard de l'autre.

彼らの気持がお互いに離れていっていることははっきりわかる。

détenir ⇨ *détention*

Après *avoir été détenu* pendant trois mois, il a été relâché.

→ Après trois mois de *détention*, il a été relâché.

3ヶ月拘留されたのち彼は釈放された。

détériorer ⇨ *détérioration*

Le fait que la situation *se soit détériorée* à la frontière yougoslavo-albanaise était alors le plus grand sujet d'inquiétude.

→ La *détérioration* de la situation à la frontière yougoslavo-albanaise était alors le plus grand sujet d'inquiétude.

ユーゴスラビアとアルバニアの国境情勢の悪化がそのとき最大の心配の種だった。

déterminer ⇨ *détermination*

Qu'elle *soit déterminée* à se marier m'étonne.

→ Sa *détermination* à se marier m'étonne.

彼女が結婚する決心をしたとは私には驚きだ。

détourner ⇨ *détournement*

On a annoncé qu'un avion a de nouveau *été détourné*.

→ On a annoncé un nouveau *détournement* d'avion.

またハイジャックの報道が流された。

détruire ⇨ *destruction*

On *a détruit* un vieil immeuble d'habitation la semaine dernière.

→ La *destruction* d'un vieil immeuble d'habitation a eu lieu la semaine dernière.

古いマンションの取り壊しが先週あった。

dévaluer ⇨ *dévaluation*

　Qu'on *ait dévalué* le franc a été jugé prématuré.

→ La *dévaluation* du franc a été jugée prématurée.

　フランの切り下げは時期尚早と判断された。

dévaster ⇨ *dévastation*

　C'était atroce de voir toute une ville japonaise *dévastée* par un grand tremblement de terre.

→ La *dévastation* de toute une ville japonaise par un grand tremblement de terre était atroce.

　日本の１都市全体が大地震で壊滅したのはむごたらしい出来事だった。

développer ⇨ *développement*

　Cette entreprise *s'est* rapidement *développée*.

→ Le *développement* de cette entreprise a été rapide.

　この企業は急速に発展した。

déverser (se) ⇨ *déversement*

　Le trop-plein du réservoir *se déverse* par cette canalisation.

→ Le *déversement* du trop-plein du réservoir se fait par cette canalisation.

　貯水池の余剰水の放流はこの水路をへてなされる。

dévoiler ⇨ *dévoilement*

　La statue *a été dévoilée* après le discours du maire.

→ Le *dévoilement* de la statue a eu lieu après le discours du maire.

　銅像の除幕は市長の演説の後で行なわれた。

dévoué ⇨ *dévouement*

　Autrefois, les salariés japonais étaient très *dévoués* à leur entreprise.

→ Autrefois, les salariés japonais avaient un grand *dévouement* à leur entreprise.

かつて日本のサラリーマンは自社にたいしてたいへん献身的だった。

différer ⇨ *différence*

Mon opinion *diffère* sensiblement de la vôtre.

→ Il y a une *différence* sensible entre mon opinion et la vôtre.

私の意見とあなたの意見とのあいだには著しい違いがある。

difficile ⇨ *difficulté*

Ce qui est *difficile*, c'est le choix des critères.

→ La *difficulté* réside dans le choix des critères.

困難は基準の選択にある。

diffuser ⇨ *diffusion*

La nouvelle *a* rapidement *été diffusée*.

→ La *diffusion* de la nouvelle a été rapide.

ニュースの伝わり方は早かった。

digérer ⇨ *digestion*

Il est sujet à la somnolence pendant qu'il *digère*.

→ Il est sujet à la somnolence pendant la *digestion*.

食べたものが消化されているあいだ彼はすぐ眠気をもよおす。

diminuer ⇨ *diminution*

Que les naissances *diminuent*, c'est très préoccupant.

→ La *diminution* des naissances est très préoccupante.

出生数が減っているのはたいへん憂慮すべきことだ。

diriger ⇨ *direction*

M. Dupont *dirige* cette entreprise.

→ M. Dupont assure la *direction* de cette entreprise.

デュポン氏はこの企業を経営している。

discerner ⇨ *discernement*

Il n'a pas la capacité de *discerner* ce qui est important.

discréditer

→ Il manque de *discernement*.

彼は物の真価を見分ける力がない。

discréditer ⇨ *discrédit*

Les transplantations d'organes *étaient discréditées* depuis une tentative de greffe du cœur réalisée en 1968.

→ Les transplantations d'organes subissaient un *discrédit* depuis une tentative de greffe du cœur réalisée en 1968.

臓器移植は1968年に行なわれた心臓移植の試みいらい信用を失っていた。

discret ⇨ *discrétion*

Elle se montre de plus en plus *discrète*.

→ Elle fait preuve de plus en plus de *discrétion*.

彼女はますます慎み深くなっている。

discuter ⇨ *discussion*

Le projet de loi *est discuté* à la commission budgétaire.

→ Le projet de loi est en *discussion* à la commission budgétaire.

法案は予算委員会で論議中である。

disparaître ⇨ *disparition*

La création de l'OMC signifie que le GATT *a disparu*.

→ La création de l'OMC signifie la *disparition* du GATT.

世界貿易機関(WTO)の設立はGATTの消滅を意味する。

disperser ⇨ *dispersion*

La situation météorologique "anticyclone, vent nul, ensoleillement", n'est pas favorable pour *disperser* les polluants.

→La situation météorologique "anticyclone, vent nul, ensoleillement", est défavorable à la *dispersion* des polluants.

「高気圧、無風、日照」といった気象状態は汚染物質を分散させるのに適していない。

disposer ⇨ *disposition*

Vous pouvez *disposer* de cette voiture.
→ Cette voiture est à votre *disposition*.
このクルマをご自由にお使い下さい。

disputer (se) ⇨ *dispute*

Paul *s'est* violemment *disputé* avec Pierre.
→ Paul a eu une *dispute* violente avec Pierre.
ポールはピエールとひどい喧嘩をした。

disséminer ⇨ *dissémination*

Les découvertes sur la fission nucléaire n'ont pas su prévenir que la bombe atomique *se disséminerait*.
→ Les découvertes sur la fission nucléaire n'ont pas su prévenir la *dissémination* de la bombe atomique.
核分裂についてこうした諸発見がなされたものの原子爆弾が多くの国々に拡散することを予見するよしもなかった。

dissimuler ⇨ *dissimulation*

Les stocks d'armes chimiques, peu encombrants, sont faciles à *dissimuler*.
→ La *dissimulation* des stocks d'armes chimiques, peu encombrants, est facile.
化学兵器の貯蔵はかさばらないので隠しやすい。

dissiper ⇨ *dissipation*

Avant de partir, il faut attendre que les brouillards *se dissipent*.
→ Avant de partir, il faut attendre la *dissipation* des brouillards.
出発する前に霧が晴れるのを待たなければならない。

dissoudre ⇨ *dissolution*

Dix-huit sièges étaient vacants lorsque la Chambre basse *a été dissoute*.
→ Dix-huit sièges étaient vacants au moment de la *dissolution*

de la Chambre basse.

下院が解散された時、18議席が欠員だった。

dissuader ⇨ *dissuasion*

Les armes nucléaires sont considérées comme des forces visant à *dissuader* les autres nations d'attaquer.

→ Les armes nucléaires sont considérées comme des forces de *dissuasion*.

核兵器は他国に核攻撃を断念させる目的の武力（＝核抑止力）と考えられている。

distinguer ⇨ *distinction*

Il est difficile de *distinguer* entre ces deux plantes.

→ Il est difficile de faire la *distinction* entre ces deux plantes.

この2つの植物を見分けるのはむずかしい。

distribuer ⇨ *distribution*

On *distribuera* dès demain des vivres aux réfugiés.

→ La *distribution* de vivres aux réfugis aura lieu dès demain.

難民への食糧の配給は明日にでも行なわれるだろう。

diverger ⇨ *divergence*

Ces pays *divergent* profondément quant à l'intervention militaire en Afrique.

→ Les *divergences* entre ces pays sont profondes quant à l'intervention militaire en Afrique.

アフリカへの軍事介入に関してこれらの国々の意見は大きく別れている。

divers ⇨ *diversité*

Les situations dans les États membres sont très *diverses*.

→ La *diversité* des situations dans les États membres est très grande.

加盟国の状況はきわめて多様である。

diviser (se) ⇨ *division*

Il est regrettable que l'opinion publique *se divise* sur cette question.

→ La *division* de l'opinion publique sur cette question est regrettable.

この問題にかんして世論が割れているのは残念なことだ。

dominer ⇨ *domination*

En Afghanistan, les Talibans *ont dominé* incontestablement.

→ En Afghanistan, la *domination* des Talibans a été incontestable.

アフガニスタンではタリバン派の優勢は争えない事実だった。

doux, douce ⇨ *douceur*

Cette île est célèbre parce que son climat est *doux*.

→ Cette île est célèbre pour la *douceur* de son climat.

この島は気候が温暖なことで有名だ。

dur ⇨ *dureté*

Washington était trop *dure* avec Bagdad.

→ La *dureté* de Washington avec Bagdad était excessive.

米国はイラクにたいしてあまりに強硬であった。

durer ⇨ *durée*

Le film *dure* deux heures.

→ La *durée* du film est de deux heures.

映画の上映時間は2時間だ。

dynamique ⇨ *dynamisme*

Il n'est pas *dynamique*.

→ Il manque de *dynamisme*.

彼はバイタリティに欠ける。

E

échanger ⇨ *échange*

Au cours du déjeuner, les ministres *ont échangé* leurs points de vue sur la crise asiatique.

→ Au cours du déjeuner, les ministres ont procédé à un *échange* de points de vues sur la crise asiatique.

昼食会で閣僚たちはアジアの危機について意見の交換を行なった。

échouer ⇨ *échec*

Les négociations *ont* complètement *échoué*.

→ Les négociations se sont soldées par un *échec* complet.

交渉は完全な失敗を喫した。

éclaircir ⇨ *éclaircissement*

Djakarta a demandé à Pékin de lui donner des explications pour *éclaircir* une nouvelle revendication chinoise en mer de Chine du Sud.

→ Djakarta a demandé à Pékin des *éclaircissements* sur une nouvelle revendication chinoise en mer de Chine du Sud.

インドネシアは中国に南シナ海における中国側の新たな要求について釈明を求めた。

éclater ⇨ *éclatement*

Au Japon, la bulle financière *a éclaté* au début des années 90.

→ Au Japon, l'*éclatement* de la bulle financière a eu lieu au début des années 90.

日本では 90 年代の初めにバブルが崩壊した。

éclore ⇨ *éclosion*

Les années 30 ont vu *éclore* de grands talents cinématographiques.

→ Les années 30 ont vu l'*éclosion* de grands talents cinématographiques.

30 年代にはかずかずの映画の逸材が輩出した。

écœurer ⇨ *écœurement*

L'atrocité de ce crime a beaucoup *écœuré* tout le monde.

→ L'atrocité de ce crime a causé un grand *écœurement* à tout le monde.

この犯罪の残虐性はすべての人に大きな嫌悪感を抱かせた。

économe ⇨ *économies*

Pour parer à toute éventualité, certains habitants deviennent *économes*.

→ Pour parer à toute éventualité, certains habitants commencent à faire des *économies*.

万一の場合に備えて住民の一部は節約を始めた。

écouler ⇨ *écoulement*

Dans les conditions actuelles, il est difficile d'*écouler* ce genre de produits.

→ Dans les conditions actuelles, ce genre de produits est d'un *écoulement* difficile.

現状ではこの種の製品は販路が見つけにくい。

écrouler (s') ⇨ *écroulement*

L'importance du nombre des victimes est due au fait que les maisons de bois construites après la Seconde Guerre mondiale *se sont écroulées*.

→ L'importance du nombre des victimes est due à l'*écroulement* des maisons de bois construites après la Seconde Guerre mondiale.

犠牲者の数が多かったのは戦後建てられた木造家屋が倒壊したことによる。

éditer ⇨ *édition*

On a décidé d'*éditer* les œuvres retrouvées de cet écrivain.

→ On a décidé l'*édition* des œuvres retrouvées de cet écrivain.

この作家の新たに見つかった作品群を刊行することが決定された。

effacer ⇨ *effacement*

Il est vraiment difficile d'*effacer* les préjugés raciaux.

→ L'*effacement* des préjugés raciaux est vraiment difficile.

人種的偏見を払拭するのはほんとうに難しい。

efficace ⇨ *efficacité*

On se demande si ce médicament est *efficace*.

→ On s'interroge sur l'*efficacité* de ce médicament.

この薬の効能が疑問視されている。

effondrer (s') ⇨ *effondrement*

L'URSS *s'est effondrée* en 1991.

→ L'*effondrement* de l'URSS a eu lieu en 1991.

ソビエト連邦は1991年に崩壊した。

efforcer (s') ⇨ *effort*

Ils *s'efforcent* inutilement pour redresser leur entreprise.

→ Ils font un *effort* inutile pour redresser leur entreprise.

彼らは企業を再建しようと無益な努力をしている。

éjecter ⇨ *éjection*

Ce mécanisme sert à *éjecter* le pilote en cas d'accident.

→ Ce mécanisme permet l'*éjection* du pilote en cas d'accident.

この装置は事故のさいのパイロット脱出用である。

élaborer ⇨ *élaboration*

Grâce à leur coopération nous avons pu *élaborer* ce projet.

→ Leur coopération nous a permis l'*élaboration* de ce projet.

彼らの協力のおかげでわれわれはこの計画を仕上げることができた。

élargir ⇨ *élargissement*

Certains pensent qu'il est urgent de mettre en place de nouvelles directives pour *élargir* le rôle des forces de défense japonaises en cas de crise.

→ Certains pensent qu'il est urgent de mettre en place de nouvelles directives pour un *élargissement* du rôle des forces de défense japonaises en cas de crise.

危機に際して日本の自衛隊の役割を拡大するための新たな指針を作ることが緊急の課題であると考える人々がいる。

élégant ⇨ *élégance*

Le geste de cette dame est extrêmement *élégant*.

→ Le geste de cette dame est d'une extrême *élégance*.

あのご婦人の仕種はこの上なく優雅だ。

élever 1 ⇨ *élévation*

Le gouvernement doit chercher, entre autres, à *élever* le niveau de vie de la population.

→ Le gouvernement doit s'occuper, entre autres, de l'*élévation* du niveau de vie de la population.

政府はなによりも国民の生活水準の向上に専念すべきだ。

élever 2 ⇨ *élevage*

A la campagne, mes grands parents *élevaient* des poules.

→ A la campagne, mes grands parents s'occupaient de l'*élevage* des poules.

田舎では私の祖父母は養鶏をしていた。

éliminer ⇨ *élimination*

élire

HUSSEIN a cherché par tous les moyens à se dérober à l'obligation d'*éliminer* les armes de destruction massive.

→ HUSSEIN a cherché par tous les moyens à se dérober à l'obligation d'*élimination* des armes de destruction massive.

フセインはあらゆる手段を弄して大量破壊兵器廃棄の義務を逃れようとした。

élire ⇨ *élection*

Tous les 5 ans, les Français *élisent* le Président de la République.

→ Tous les 5 ans, les Français procèdent à l'*élection* du Président de la République.

5年ごとにフランス人は大統領の選出をおこなう。

éloigner ⇨ *éloignement*

Eloigner cet homme politique du pouvoir risque de le marginaliser à plus long terme.

→ L'*éloignement* du pouvoir de cet homme politique risque de le marginaliser à plus long terme.

この政治家を政権から遠ざけることはより長い目でみれば彼を政界から疎外するおそれがある。

émanciper ⇨ *émancipation*

On dirait que le vin et le téléphone portable ont aidé les Japonaises à *s'émanciper*.

→ On dirait que le vin et le téléphone portable ont aidé les Japonaises dans leur *émancipation*.

まるでワインと携帯電話が日本女性の解放に役立ったみたいだ。

émaner ⇨ *émanation*

Au Japon, la dioxine fut détectée pour la première fois en 1983, dans ce qui *émanait* d'un incinérateur.

→ Au Japon, la dioxine fut détectée pour la première fois en

1983, dans les *émanations* d'un incinérateur.

日本では1983年に焼却炉から排出されたものの中からはじめてダイオキシンが検出された。

embarrassé ⇨ *embarras*

Devant les deux solutions possibles, il *était embarrassé* sur l'alternative.

→ Devant les deux solutions possibles, il était dans l'*embarras* de l'alternative.

ふたつの解決の可能性を前にして、彼は二者択一に困惑していた。

embaucher ⇨ *embauche*

Ces mesures ont été prises pour *embaucher* facilement les jeunes diplômés.

→ Ces mesures ont été prises pour faciliter l'*embauche* des jeunes diplômés.

これらの措置は新卒者の雇用を助けるためにとられた。

embellir ⇨ *embellissement*

Le maire a promis de tout mettre en œuvre pour *embellir* sa ville.

→ Le maire a promis de tout mettre en œuvre pour l'*embellissement* de sa ville.

市長は市の美化のために全力をつくすことを約束した。

embêter (s') ⇨ *embêtement*

Cela ne manquera pas de *nous embêter*.

→ Cela ne manquera pas de nous causer des *embêtements*.

それは間違いなく私たちにとって面倒なことになりますよ。

émettre ⇨ *émission*

L'augmentation de la quantité de dioxine *émise* par les usines d'incinération est l'une des principales préoccupations d'aujourd'hui.

→ L'augmentation de la quantité d'*émission* de dioxine des usines d'incinération est l'une des principales préoccupations d'aujourd'hui.

ゴミ焼却場から排出されるダイオキシンの増加はいま最も憂慮すべきことのひとつである。

empêcher ⇨ *empêchement*

Qu'est-ce qui vous a *empêché* de venir à la réunion ?

→ Quel *empêchement* avez-vous eu pour venir à la réunion ?

どんな支障があって会に来られなかったのですか？

empiéter ⇨ *empiétement*

Nous devrions faire en sorte que le projet d'agrandissement de notre magasin n'*empiète* pas sur le terrain du voisin.

→ Nous devrions faire en sorte que le projet d'agrandissement de notre magasin ne constitue pas un *empiétement* sur le terrain du voisin.

われわれは店舗の拡張計画が隣人の土地を侵害することのないようにしなければならない。

employer ⇨ *emploi*

Le nouveau projet va *employer* quelques milliers de personnes.

→ Le nouveau projet va créer quelques milliers d'*emplois*.

新しいプロジェクトは数千人ぶんの雇用を創出することになる。

empoisonner ⇨ *empoisonnement*

Au Japon, plusieurs personnes *ont été empoisonnées* en 1998.

→ Le Japon a connu plusieurs cas d'*empoisonnement* en 1998.

日本では1998年に多くの毒物混入事件が起きた。

empressé ⇨ *empressement*

Le gouvernement indonésien se montre peu *empressé* à mettre en place les réformes exigées par le Fonds monétaire international (FMI).

→ Le gouvernement indonésien montre peu d'*empressement* à mettre en place les réformes exigées par le Fonds monétaire international (FMI).

インドネシア政府は国際通貨基金（IMF）が要求する改革を実施することにあまり熱心ではない。

emprunter ⇨ *emprunt*

Le gouvernement a été amené à *emprunter* massivement pour compenser le manque de recettes fiscales.

→ Le gouvernement a été amené à faire un *emprunt* massif pour compenser le manque de recettes fiscales.

政府は税収の不足を補てんするため多額の借り入れを余儀なくされた。

encadrer ⇨ *encadrement*

Du point de vue de la bioéthique, il serait nécessaire d'*encadrer*, au niveau international, les sciences de la vie.

→ Du point de vue de la bioéthique, un *encadrement* des sciences de la vie serait nécessaire au niveau international.

生命倫理の立場からみれば、国際的レベルで生命科学に規制をもうけることは必要であろう。

encercler ⇨ *encerclement*

Le village rebelle *a été encerclé* pendant la nuit.

→ L'*encerclement* du village rebelle s'est fait pendant la nuit.

反乱分子の村は夜の間に包囲された。

enchaîner ⇨ *enchaînement*

Il ne faudrait plus *enchaîner* les femmes au foyer.

→ Il faudrait mettre un terme à l'*enchaînement* des femmes au foyer.

女性を家庭に縛りつけておくことはやめるべきであろう。

encombrant ⇨ *encombrement*

C'est un meuble peu *encombrant*.

→ C'est un meuble de faible *encombrement*.

それはあまりかさばらない家具だ。

encourager ⇨ *encouragement*

L'adoption de cette loi *encourage* la création de zones de libre-échange.

→ L'adoption de cette loi constitue un *encouragement* à la création de zones de libre-échange.

この法律の採択は自由貿易地域の創出を力づけるものだ。

endetté ⇨ *endettement*

Ces pays gravement *endettés* constituent de gigantesques créances douteuses pour leurs partenaires créanciers.

→ Ces pays souffrant d'un grave *endettement* constituent de gigantesques créances douteuses pour leurs partenaires créanciers.

これら深刻な負債を抱え込んだ国々は債権相手国にとって巨大な不良債権になっている。

endeuiller ⇨ *deuil*

La mort de la princesse Diana *a endeuillé* le monde entier.

→ La mort de la princesse Diana a plongé le monde entier en *deuil*.

ダイアナ王妃の死は全世界を悲嘆におとしいれた。

engager (s') ⇨ *engagement*

Cette déclaration ne signifie pas du tout que le gouvernement *se soit engagé* en cette matière.

→ Cette déclaration ne comporte aucun *engagement* de la part du gouvernement en cette matière.

この声明ではこの問題にかんして政府が何の約束も与えていないこ

とになる。

engouer (s') ⇨ *engouement*

Le public *s'engoua* immensément du «Dit des Heike», déclamé par des moines aveugles qui jouaient du "biwa".

→ Le «Dit des Heike», déclamé par des moines aveugles qui jouaient du "biwa", connut un immense *engouement* dans le public.

盲目の琵琶法師によって語られた「平家物語」に人々はいたく心酔した。

enlever ⇨ *enlèvement*

Une petite fille de 9 ans *a été enlevée* il y a 10 jours, dans cette ville.

→ L'*enlèvement* d'une petite fille de 9 ans a eu lieu il y a 10 jours, dans cette ville.

9歳の少女が10日前この町で誘拐された。

énorme ⇨ *énormité*

Ce processus de fusion s'explique par le fait que la restructuration de trois groupes qui ont au total 35 000 employés est *énorme*.

→ Ce processus de fusion s'explique par l'*énormité* de la restructuration de trois groupes qui ont au total 35 000 employés.

この合併プロセスは3万5千人の従業員を持つ3つのグループのリストラがたいへんなものであることによって説明できる。

enregistrer ⇨ *enregistrement*

Ils n'ont fait que recopier ce qui *avait été enregistré*.

→ Ils n'ont fait que recopier les *enregistrements*.

彼らは収録されたものをコピーしたに過ぎない。

enseigner ⇨ *enseignement*

Enseigner une langue étrangère aux adultes exige d'abord

énormément de patience.

→ L'*enseignement* d'une langue étrangère aux adultes exige d'abord énormément de patience.

どんな外国語でも大人相手に教えることはまず第一にたいへん忍耐力のいるものだ。

entasser ⇨ *entassement*

Il était pénible de voir des dizaines de milliers de sans-abri *entassés* dans des centres de secours improvisés.

→ Il était pénible d'assister à l'*entassement* de dizaines de milliers de sans-abri dans des centres de secours improvisés.

家を失った数万の人々がにわか造りの救護センターにすし詰めになっているのは見るに忍びなかった。

entendre (s') ⇨ *entente*

La France et les États-Unis *s'entendaient* bien à propos du Zaïre.

→ Il y avait une bonne *entente* entre la France et les États-Unis à propos du Zaïre.

ザイール問題についてはフランスと米国はたがいに良く理解しあっていた。

enterrer ⇨ *enterrement*

Sa femme *a été enterrée* au cimetière du Père-Lachaise.

→ L'*enterrement* de sa femme a eu lieu au cimetière du Père-Lachaise.

彼の妻はペール・ラシェーズ墓地に埋葬された。

entêter (s') ⇨ *entêtement*

Je ne comprends pas qu'il *s'entête* à refuser de répondre à cette question.

→ Je ne comprends pas son *entêtement* à refuser de répondre à cette question.

私には彼がこの質問に答えることをかたくなに拒むのが理解できない。

enthousiaste ⇨ *enthousiasme*

De tous les peuples européens, les Français n'étaient pas les plus *enthousiastes* à l'égard de l'euro.

→ De tous les peuples européens, les Français ne manifestaient pas le plus d'*enthousiasme* à l'égard de l'euro.

欧州各国民の中でフランス国民がユーロ通貨使用に対してもっとも熱心であったわけではない。

entraîner (s') ⇨ *entraînement*

Une grande concentration d'esprit est nécessaire pour *s'entraîner* à la pratique du zen.

→ Une grande concentration d'esprit est nécessaire pour l'*entraînement* à la pratique du zen.

禅の修行をするには強い精神集中力が必要だ。

entraver ⇨ *entrave*

L'inégalité entre les sexes freine la productivité et *entrave* la croissance économique.

→ L'inégalité entre les sexes freine la productivité et fait *entrave* à la croissance économique.

男女間の不平等は生産性にブレーキをかけ経済成長の妨げとなる。

entretenir ⇨ *entretien*

Une subvention est également accordée aux agriculteurs pour *entretenir* les paysages.

→ Une subvention est également accordée aux agriculteurs pour l'*entretien* des paysages.

景観の保全維持のためにも農民に助成金が支給されている。

entretenir (s') ⇨ *entretien*

Le chef de la diplomatie française a fait ces déclarations

après *s'être entretenu* avec le secrétaire général de l'ONU, Kofi Annan.

→ Le chef de la diplomatie française a fait ces déclarations à l'issue d'un *entretien* avec le secrétaire général de l'ONU, Kofi Annan.

フランス外相は国連事務総長コフィ・アナン氏と会談したあとでこれらの声明を出した。

envahir ⇨ *invasion*

La perspective d'un élargissement de l'Union européenne à des pays aux frontières passoires, fait craindre aux pays occidentaux que des migrants venus d'Asie ou de l'ancien monde communiste ne les *envahissent*.

→ La perspective d'un élargissement de l'Union européenne à des pays aux frontières passoires, fait craindre aux pays occidentaux une *invasion* de migrants venus d'Asie ou de l'ancien monde communiste.

欧州連合を越境しやすい国境線をもつ国々にまで拡大するという構想は、西欧諸国にアジアや旧共産主義国家からの移民の侵入を懸念させている。

envoyer ⇨ *envoi*

Le gouvernement japonais a décidé d'*envoyer* une mission dans ce pays.

→ Le gouvernement japonais a décidé l'*envoi* d'une mission dans ce pays.

日本政府はその国に使節団を派遣することを決定した。

épargner ⇨ *épargne*

L'important est d'encourager les Japonais à consommer au lieu d'*épargner*.

→ L'important est d'encourager la consommation au lieu de

l'*épargne* chez les Japonais.

肝要なことは日本人に貯蓄ではなく消費を奨励することだ。

éprouver ⇨ *épreuve*

Cet attentat a rudement *éprouvé* la paix.

→ Cet attentat a mis la paix à rude *épreuve*.

このテロ事件は平和を手痛い試練にさらした。

épuiser ⇨ *épuisement*

Il faut à tout prix éviter que les ressources naturelles ne *s'épuisent*.

→ Il faut à tout prix éviter un *épuisement* des ressources naturelles.

自然の資源が枯渇することは何としても防がなければならない。

équilibré ⇨ *équilibre*

Ses repas sont de moins en moins *équilibrés*.

→ Le manque d'*équilibre* de ses repas s'accentue.

彼の食事はだんだんバランスが崩れてきている。

équiper (s') ⇨ *équipement*

D'importants crédits ont été accordés à la province pour qu'elle *s'équipe* en cette matière.

→ D'importants crédits ont été accordés à la province pour son *équipement* en cette matière.

この分野での設備のため地方に莫大な予算が交付された。

équitable ⇨ *équité*

Les habitants ne reconnaissent pas que la répartition des crédits soit *équitable*.

→ Les habitants ne reconnaissent pas l'*équité* de la répartition des crédits.

住民は予算の配分が公平であることを認めていない。

équivalent ⇨ *équivalence*

Les autorités exigent que les produits soient *équivalents* du point de vue de l'innocuité.

→ Les autorités exigent l'*équivalence* des produits du point de vue de l'innocuité.

当局は無害であるという点では全製品が同じであることを要求している。

éroder (s') ⇨ *érosion*

Les forêts empêchent que les sols *s'érodent*.

→ Les forêts empêchent l'*érosion* des sols.

森林は土壌の侵食を防ぐ。

espionner ⇨ *espionnage*

Le correspondant est accusé d'*avoir espionné* au profit de la Russie.

→ Le correspondant est accusé d'*espionnage* au profit de la Russie.

その特派員はロシアのためにスパイ行為をしていたとして起訴された。

établir ⇨ *établissement*

Il s'est fixé pour objectif principal d'*établir* des relations diplomatiques avec ce pays.

→ Il s'est fixé pour objectif principal l'*établissement* de relations diplomatiques avec ce pays.

彼は同国と外交関係を確立することを主要目標として定めた。

étaler ⇨ *étalement*

On peut *étaler* le paiement sur six mois.

→ L'*étalement* du paiement sur six mois est possible.

支払いは6ヶ月に分割することができる。

éternuer ⇨ *éternuement*

Il *éternue* très souvent, en cette saison ; cela s'explique par

son allergie au pollen.
→ La grande fréquence de ses *éternuements*, en cette saison, s'explique par son allergie au pollen.

この季節になると彼はよくくしゃみをするが、これは彼の花粉症のせいだ。

étonner ⇨ *étonnement*

Il a appris la nouvelle et il n'a pas caché qu'il en *a été étonné*.
→ Il a appris la nouvelle et il n'a pas caché son *étonnement* face à celle-ci.

彼はそのニュースを知った、そしてそれにたいする驚きを隠さなかった。

étouffer ⇨ *étouffement*

On peut ainsi éteindre, en six secondes, n'importe quel incendie en l'*étouffant*.
→ On peut ainsi éteindre par *étouffement*, en six secondes, n'importe quel incendie.

そのようにすれば空気遮断でどんな火事でも6秒で消すことができる。

étourdi ⇨ *étourderie*

L'accident a eu lieu parce que le chauffeur était un peu *étourdi*.
→ L'accident a été provoqué par une petite *étourderie* du chauffeur.

事故は運転手のちょっとした軽率さで起きた。

évacuer ⇨ *évacuation*

Dans ces conditions, il est difficile d'*évacuer* les réfugiés.
→ Dans ces conditions, l'*évacuation* des réfugiés est difficile.

この状況では難民の避難は困難である。

éventuel ⇨ *éventualité*

S'il y a une attaque *éventuelle*, le chancelier Kohl a offert de mettre à la disposition de Washington des bases aériennes en Allemagne.

→ Le chancelier Kohl a offert de mettre à la disposition de Washington des bases aériennes en Allemagne dans l'*éventualité* d'une attaque.

万一攻撃があった場合にはドイツの空軍基地を自由に使用してもよいとコール首相は米国に申し出た。

évident ⇨ *évidence*

Il est *évident* qu'il faut maîtriser les flux d'immigration.

→ Qu'il faille maîtriser les flux d'immigration, c'est une *évidence*.

移民の流入を制御する必要があるのは自明のことである。

évoquer ⇨ *évocation*

Il est inutile d'*évoquer* cette affaire.

→ L'*évocation* de cette affaire est inutile.

この事件のことを持ち出してみても何にもならない。

évoluer ⇨ *évolution*

La distribution des produits bio *a* beaucoup *évolué*.

→ L'*évolution* des produits bio a été importante.

自然食品の流通は大きく進展した。

exact ⇨ *exactitude*

Il faut reconnaître que l'information est *exacte*.

→ Il faut reconnaître l'*exactitude* de l'information.

その情報が正確であることは認める必要がある。

exagéré ⇨ *exagération*

Les résultats ont provoqué une déception par rapport à des attentes *exagérées*.

→ Les résultats ont provoqué une déception par rapport à l'*exagération* des attentes.

期待が大きすぎたのにたいして、結果は失望を与えるものであった。

exaspéré ⇨ *exaspération*

Réagissant aux propos très fermes de Jacques Chirac, le Premier ministre des Pays-Bas s'est montré *exaspéré* face à l'attitude de Paris.

→ Réagissant aux propos très fermes de Jacques Chirac, le Premier ministre des Pays-Bas a exprimé son *exaspération* face à l'attitude de Paris.

シラク大統領の断固とした言葉に反発してオランダ首相はフランスの態度への激怒をあらわにした。

excellent ⇨ *excellence*

On reconnaissait que la construction antisismique était *excellente* au Japon.

→ On reconnaissait l'*excellence* de la construction antisismique au Japon.

日本における耐震建築が優秀であることを人々は認めていた。

excité ⇨ *excitation*

A l'approche de la fête, les villageois étaient de plus en plus *excités*.

→ A l'approche de la fête, l'*excitation* des villageois grandissait.

祭りが近づくにつれ、村びとたちの興奮は高まっていった。

exclure ⇨ *exclusion*

Ce qui nous est proposé, c'est d'*exclure* ce dossier.

→ Ce qui nous est proposé, c'est une *exclusion* de ce dossier.

われわれに提案されているのは、この議題を外すことである。

excuser (s') ⇨ *excuses*

Il *s'est excusé* auprès de ses collaborateurs pour les mois dif-

exécuter

ficiles qu'ils ont dû affronter.

→ Il a présenté ses *excuses* à ses collaborateurs pour les mois difficiles qu'ils ont dû affronter.

彼はつらい数カ月を味わわせたことを協力者たちにわびた。

exécuter ⇨ *exécution*

Il *a exécuté* impeccablement cette œuvre musicale.

→ Son *exécution* de cette œuvre musicale a été impeccable.

彼はこの音楽作品を非のうちどころなく演奏した。

exercer (s') ⇨ *exercice*

Je *m'exerce* à nager.

→ Je fais des *exercices* de natation.

私はスイミングの練習をしています。

exiger ⇨ *exigence*

Il *exige* trop de travail de la part de ses élèves.

→ Ses *exigences* de travail auprès de ses élèves sont trop grandes.

彼は生徒に過度の勉強を要求する。

exister ⇨ *existence*

S'il *existe* des offres de capitaux, cela fait naître des projets.

→ L'*existence* d'offres de capitaux fait naître des projets.

資本提供が存在すれば、プロジェクトが生まれる。

expédier ⇨ *expédition*

Cela m'a coûté cent francs pour *expédier* ce colis.

→ L'*expédition* de ce colis m'a coûté cent francs.

この小包の発送には百フランかかった。

expérimenter ⇨ *expérimentation*

On *a expérimenté* une substance radioactive sur des malades, cela était inadmissible.

→ L'*expérimentation* d'une substance radioactive sur des malades était inadmissible.

放射性物質を患者で実験したのは容認しがたいことだった。

expliquer ⇨ *explication*

Il nous *a expliqué* ce problème de façon satisfaisante.

→ Il nous a donné une *explication* satisfaisante de ce problème.

彼はわれわれにこの問題について満足すべき説明を行なった。

exploiter ⇨ *exploitation*

Cette victoire a été remportée, car on *a exploité* très habilement le renseignement.

→ La victoire est le résultat d'une *exploitation* très habile du renseignement.

この勝利は情報をきわめて巧みに利用した結果である。

explorer ⇨ *exploration*

Il a été décidé d'*explorer* une île récemment découverte.

→ On a décidé l'*exploration* d'une île récemment découverte.

最近発見された島の探検が決定された。

exploser ⇨ *explosion*

Un engin *a explosé* devant la mairie.

→ L'*explosion* d'un engin a eu lieu devant la mairie.

爆弾の爆発が市役所の前で起こった。

exporter ⇨ *exportation*

Ce pays *exporte* de plus en plus de pétrole.

→ L'*exportation* de pétrole de ce pays augmente.

この国の石油の輸出は増えている。

exposer ⇨ *exposition*

Ce musée *va exposer* des Monet.

→ Ce musée va consacrer une *exposition* à Monet.

この美術館ではモネ展がまもなく開かれる。

expulser ⇨ *expulsion*

extraire

Le Comité international olympique (CIO) a décidé d'*expulser* six de ses membres.

→ Le Comité international olympique (CIO) a décidé l'*expulsion* de six de ses membres.

国際オリンピック委員会はそのメンバーのうち6人の追放を決定した。

extraire ⇨ *extraction*

Cette équipe de sauvetage a pu *extraire* quatre survivants des décombres.

→ Cette équipe de sauvetage a réussi l'*extraction* de quatre survivants des décombres.

この救助隊は瓦礫の中から4人の生存者を救出することに成功した。

extravagant ⇨ *extravagance*

Des centaines de milliers de petites gens ont été attirés par d'*extravagants* dividendes de cette société.

→ Des centaines de milliers de petites gens ont été attirés par l'*extravagance* des dividendes de cette société.

数十万の庶民がこの会社の桁外れな配当金に釣られた。

F

fabriquer ⇨ *fabrication*

Le pollen de sugi (cryptomeria), sorte de cèdre, est utilisé pour *fabriquer* de l'encens.

→ Le pollen de sugi (cryptomeria), sorte de cèdre, est utilisé pour la *fabrication* de l'encens.

ヒマラヤスギの一種である cryptomeria という杉の花粉は香（こう）の製造に用いられている。

（注：fabrication は production と違って、＜la production de ＋無冠詞・名詞＞のような「製造量」の意味での用法はなく、もっぱら「製造行為」の意味で用いられる）

facile ⇨ *facilité*

Cette théorie est *facile* à comprendre.

→ Cette théorie se comprend avec *facilité*.

この理論は分かりやすい。

faible ⇨ *faiblesse*

La guerre sino-japonaise de 1894 mit en évidence que l'armement japonais était *faible*.

→ La guerre sino-japonaise de 1894 mit en évidence la *faiblesse* de l'armement japonais.

1894年の日清戦争は日本の軍備が貧弱であることを露呈した。

familier ⇨ *familiarité*

Il se montrait toujours très *familier* avec ses élèves.

→ Il se montrait toujours d'une grande *familiarité* avec ses élèves.

彼は生徒たちにいつも打ちとけた態度をとっていた。

fasciner ⇨ *fascination*

Les enfants restaient de longues minutes *fascinés* par la dextérité des fabricants de figurines en sucre (ameya).

→Les enfants restaient de longues minutes sous la *fascination* exercée par la dextérité des fabricants de figurines en sucre (ameya).

子供達は飴人形細工職人の巧みな手さばきに長い間うっとりと見惚れていた。

féliciter ⇨ *félicitation*

La France *a été félicitée* par la Commission des droits de l'homme de l'ONU pour ses activités humanitaires.

→ La France a reçu les *félicitations* de la Commission des droits de l'homme de l'ONU pour ses activités humanitaires.

フランスはその人道主義活動によって国連の人権委員会の賞賛を受けた。

féminin ⇨ *féminité / femme*

Cette jeune fille n'est guère *féminine*.

→ Cette jeune fille manque un peu de *féminité*.

この女の子はあまり女らしくない。

L'espérance de vie *féminine* stagnait ou amorçait une légère diminution.

→ L'espérance de vie des *femmes* stagnait ou amorçait une légère diminution.

女性の平均余命は横ばいしているか、またはわずかに下がり始めていた。

ferme ⇨ *fermeté*

J'ai été très impressionné par son attitude *ferme*.

→ J'ai été très impressionné par la *fermeté* de son attitude.

彼の毅然とした態度に私はたいへん感銘をうけた。

fermer ⇨ *fermeture*

Après que l'Expo 2000 *aura été fermée*, le pavillon japonais, le plus grand bâtiment en papier jamais construit, sera totalement recyclé.

→ Après la *fermeture* de l'Expo 2000, le pavillon japonais, le plus grand bâtiment en papier jamais construit, sera totalement recyclé.

2000年の万国博覧会の閉幕後、かつて紙で建設された中で最大の

建物である日本館は全面的に再利用されるだろう。

fertile ⇨ *fertilité*

Des recherches agronomiques ont démontré que le sol est *fertile* dans cette région.

→ Des recherches agronomiques ont démontré la *fertilité* du sol dans cette région.

農学的研究がこの地方の土壌が肥沃であることを証明した。

fidèle ⇨ *fidélité*

Elle se disait persuadée que son mari lui était *fidèle*.

→ Elle se disait persuadée de la *fidélité* de son mari.

彼女は夫は不倫をしていないと確信していると言っていた。

fier ⇨ *fierté*

Le Japon est *fier* de son industrie automobile.

→ Le Japon tire *fierté* de son industrie automobile. / L'industrie automobile fait la fierté japonaise.

日本は自動車産業を誇りとしている。

fin ⇨ *finesse*

Personne ne s'est aperçu que sa remarque était *fine*.

→ Personne ne s'est aperçu de la *finesse* de sa remarque.

誰も彼の指摘の鋭さに気がつかなかった。

financer ⇨ *financement*

Pour *financer* ces travaux, le gouvernement prévoit de débloquer un crédit de 12 milliards de yens.

→ Pour assurer le *financement* de ces travaux, le gouvernement prévoit de débloquer un crédit de 12 milliards de yens.

この工事の財源を確保するため、政府は120億円の予算を出す予定である。

fiscal ⇨ *fiscalité*

Il a écrit un " Que sais-je ? " sur le système *fiscal* local.

fixe

→ Il a écrit un " Que sais-je ? " sur la *fiscalité* locale.

彼は地方税制に関する本をクセジュ文庫から1冊出した。

fixe ⇨ *fixité*

Il avait des yeux étrangement *fixes*.

→ Il avait des yeux d'une *fixité* étrange.

彼は妙にすわった眼をしていた。

fixer ⇨ *fixation*

Les négociations avaient pour objectif de *fixer* une frontière entre les deux pays par une convention.

→ Les négociations avaient pour objectif la *fixation* d'une frontière entre les deux pays par une convention.

交渉の目標は協定によって両国間の国境を確定することであった。

fléchir ⇨ *fléchissement*

Les viticulteurs redoutaient que les prix ne *fléchissent* de l'ordre de 10 à 15%.

→ Les viticulteurs redoutaient un *fléchissement* des prix de l'ordre de 10 à 15%.

ブドウ栽培農家は価格が10%から15%程度下がるのではないかと心配していた。

flotter ⇨ *flottement*

Après *avoir flotté* pendant longtemps, les cours se sont ressaisis.

→ Après une longue période de *flottement*, les cours se sont ressaisis.

長い間変動したのち、相場は持ち直した。

fluide ⇨ *fluidité*

Il convient de rendre *fluide* le marché du travail dans une certaine mesure.

→ Il convient d'apporter une certaine *fluidité* dans le marché du travail.

労働市場にある程度の流動性を与えることが望ましい。

foisonner ⇨ *foisonnement*

Ce livre *foisonne* de réflexions précieuses.

→ Il y a un *foisonnement* de réflexions précieuses dans ce livre.

この本は貴重な考察に満ちている。

fonctionner ⇨ *fonctionnement*

Ces dispositifs commencent à *fonctionner* lorsque le taux d'oxygène dissous dans les eaux du fleuve atteint un niveau susceptible de menacer la vie piscicole.

→ Le *fonctionnement* de ces dispositifs est déclenché lorsque le taux d'oxygène dissous dans les eaux du fleuve atteint un niveau susceptible de menacer la vie piscicole.

この装置は川の水に溶けた酸素の割合が養魚池の魚の生存をおびやかすレベルに達した時に作動し始める。

fonder ⇨ *fondation*

Cette entreprise *a été fondée* en 1940.

→ La *fondation* de cette entreprise remonte à 1940.

この企業の創立は 1940 年である。

fonder ⇨ *fondement*

Sur quoi *fonde*-t-il sa thèse ?

→ Quels sont les *fondements* de sa thèse ?

彼の説は何を根拠にしているのですか？

former ⇨ *formation*

Les spécialistes sont partagés sur le risque de voir *se former* des coulées pyroclastiques.

→ Les spécialistes sont partagés sur le risque de *formation* de coulées pyroclastiques.

破砕流が形成される危険について専門家たちの意見は分かれてい

formuler

る。

La déclaration du président préconisait que *soient formées* et échangées des ressources humaines spécialisées en ce domaine.

→ La déclaration du président préconisait la *formation* et l'échange de ressources humaines spécialisées en ce domaine.

議長声明はこの分野を専門とする人材の養成と交流を呼びかけていた。

formuler ⇨ *formulation*

Cette doctrine *a été* mal *formulée*.

→ La *formulation* de cette doctrine a été mauvaise.

この理論の表現の仕方はうまくなかった。

fortifier ⇨ *fortification*

L'armée a été obligée de *fortifier* ses bases et d'intensifier l'entraînement de ses réservistes.

→ L'armée a été contrainte à la *fortification* de ses bases et à l'intensification de l'entraînement de ses réservistes.

軍は基地の強化と予備軍訓練の強化を余儀なくされた。

fou, folle ⇨ *folie*

Après les Japonais, ce sont les Français, à leur tour, qui sont devenus *fous* du "Tamagotchi".

→ Après le Japon, la *folie* du "Tamagotchi" gagne la France.

日本人の次はフランス人が「タマゴッチ」熱に浮かされた。

fouiller ⇨ *fouille*

Fait sans précédent, Naoto KAN a ordonné de *fouiller* complètement son ministère et retrouvé les preuves accablantes attestant que, dès 1983, les personnes en charge du dossier ne pouvaient ignorer les risques des produits non chauffés.

→ Fait sans précédent, Naoto KAN a ordonné la *fouille* complète de son ministère et retrouvé les preuves accablantes attestant que, dès 1983, les personnes en charge du dossier ne pouvaient ignorer les risques des produits non chauffés.

前例のないことだが、菅直人(当時厚生大臣)は同省の徹底捜査を命じ、1983年すでに本件担当の複数人物が非過熱製剤の危険を知らなかったはずがないことを示す決定的な証拠を発見した。

fracturer (se) ⇨ *fracture*

Il *s'est fracturé* le tibia.

→ Il s'est fait une *fracture* au tibia.

彼は頚骨を折った。

frustré ⇨ *frustration*

Elle a avoué s'être sentie très *frustrée*.

→ Elle a avoué avoir ressenti une grande *frustration*.

彼女は強いフラストレーションを感じたと自ら認めた。

fusionner ⇨ *fusionnement*

Au terme de longues négociations, les deux banques ont décidé de *fusionner*.

→ Au terme de longues négociations, les deux banques ont décidé le *fusionnement*.

長い交渉のすえ、二つの銀行は合併することを決定した。

futile ⇨ *futilité*

Aujourd'hui, que les agressions soient perpétrées pour des motifs *futiles* nous étonne.

→ Aujourd'hui, la *futilité* des motifs pour lesquels les agressions sont perpétrées nous étonne.

こんにち、暴力がつまらない動機で振るわれることに驚かされる。

G

gai ⇨ *gaieté*

La soirée était très *gaie*.

→ La soirée était pleine de *gaieté*.

パーティーはたいへん盛り上がっていた。

gaspiller ⇨ *gaspillage*

On *gaspille* beaucoup; nous y mettrons bon ordre.

→ Il y a beaucoup de *gaspillage* ; nous y mettrons bon ordre.

無駄遣いが多い。ちゃんと締めよう。

geler ⇨ *gel*

Il vaudrait mieux ne pas prendre ta voiture, parce qu'il *gèle* ce matin.

→ Il vaudrait mieux ne pas prendre ta voiture, à cause du *gel* ce matin.

今朝は凍っているから、車で行かないほうがいいよ。

généraliser (se) ⇨ *généralisation*

Au fur et à mesure que *se généralise* l'usage des technologies de l'information, "la société de l'information" est désormais une réalité.

→ Au fur et à mesure de la *généralisation* de l'usage des technologies de l'information, "la société de l'information" est désormais une réalité.

情報技術利用の普及につれて、「情報社会」はいまや現実のものと

なった。

généreux, euse ⇨ *générosité*

Avec sa grosse ceinture de laine chauffant les reins, ses sandales traditionnelles (zori), Tora-san est ce héros des faubourgs, qui se montre très *généreux*.

→ Avec sa grosse ceinture de laine chauffant les reins, ses sandales traditionnelles (zori), Tora-san est ce héros des faubourgs, faisant preuve d'une grande *générosité*.

腰を温める腹巻きをし、草履をはいた寅さんは下町の人気者で太っ腹である。

gentil ⇨ *gentillesse*

Sa seule faute est qu'il est trop *gentil*.

→ Sa seule faute est un excès de *gentillesse*.

彼の唯一つの欠点は優し過ぎることである。

gérer ⇨ *gestion*

Il est bien connu parce qu'il *gère* bien les affaires.

→ Il est bien connu pour sa bonne *gestion* des affaires.

彼は事業の経営が上手なので有名だ。

gifler ⇨ *gifle*

Il *a* souvent *giflé* cet élève.

→ Il a souvent donné des *gifles* à cet élève.

彼はよくこの生徒にビンタをくらわせた。

gourmand ⇨ *gourmandise*

Il est bien connu parce qu'il est *gourmand*.

→ Il est bien connu pour sa *gourmandise*.

彼は食いしん坊で有名だ。

graisser ⇨ *graissage*

Je vous recommande de *graisser* régulièrement le moteur de votre voiture.

→ Je vous recommande de procéder à un *graissage* régulier du moteur de votre voiture.

自動車のエンジンには定期的にグリースアップをすることをおすすめします。

gras, grasse ⇨ *graisse*

C'est un fromage *gras* à 50%.

→ Ce fromage contient 50% de *graisse*.

このチーズは脂肪分50%である。

gratuit ⇨ *gratuité*

L'heure viendra de reconnaître que l'air n'est plus *gratuit*.

→ L'heure viendra de devoir mettre un terme à la *gratuité* de l'air.

空気もタダではないという時代が来るだろう。

grave ⇨ *gravité*

Les autorités japonaises avaient estimé que l'accident de Tokaimura n'était pas si *grave*.

→ Les autorités japonaises avaient sous-estimé la *gravité* de l'accident de Tokaimura.

日本政府は東海村の事故を過小評価していた。

grêler ⇨ *grêle*

Il *a grêlé* dans cette région.

→ Il est tombé de la *grêle* dans cette région.

この地方に雹が降った。

grincer ⇨ *grincement*

Il *grince* souvent des dents, ça m'énerve.

→ Ses fréquents *grincements* de dents m'énerve.

彼はよく歯ぎしりをするので、いらいらする。

grossier, ère ⇨ *grossièreté*

Ses manières *grossières* m'étonnent.

→ La *grossièreté* de ses manières m'étonne.
彼の粗暴さにはびっくりする。

guérir ⇨ *guérison*

Il est en train de *guérir*.
→ Il est en voie de *guérison*.
彼は治りつつある。

H

habile ⇨ *habileté*

Sa manipulation mentale est très *habile*.
→ Sa manipulation mentale est d'une grande *habileté*.
彼のマインド・コントロールはじつに巧妙だ。

haïr ⇨ *haine*

Le temps où l'on *se haïssait* est passé.
→ Le temps de la *haine* est passé.
憎みあっていた時代は過ぎた。

hardi ⇨ *hardiesse*

Le général s'est félicité que son armée soit *hardie*.
→ Le général s'est félicité de la *hardiesse* de son armée.
将軍は自分の軍隊が勇敢であることを自画自賛した。

hâtif ⇨ *hâte*

Il s'est montré trop *hâtif* dans sa réponse.
→ Il a répondu avec trop de *hâte*.
彼は返事を急ぎ過ぎた。

héberger ⇨ *hébergement*

Dans cette région, il est difficile d'*héberger* tous les touristes.
→ Dans cette région, l'*hébergement* de tous les touristes est difficile.
この地方では、観光客を全部泊めることはむずかしい。

hériter ⇨ *héritage*

Il a dilapidé tout ce dont il *a hérité*.
→ Il a dilapidé tout son *héritage*.
彼は相続した遺産を全部浪費した。

hésiter ⇨ *hésitation*

Après *avoir* longtemps *hésité*, il a finalement accepté cette proposition.
→ Après de longues *hésitations*, il a finalement accepté cette proposition.
長い間ためらったあとで、彼はついにこの提案を受諾した。

heureux, euse ⇨ *bonheur*

Elle semble heureuse, mais elle ne sera *heureuse* que pendant peu de temps.
→ Elle semble heureuse, mais ce *bonheur* sera de courte durée.
彼女は幸福そうだ。だがこの幸福も長続きはしないだろう。

hiverner ⇨ *hivernage*

Il sera particulièrement pénible d'*hiverner* cette année dans l'Antarctique.
→ L'*hivernage* dans l'Antarctique sera particulièrement pénible cette année.
今年の南極での越冬は特別につらいだろう。

honnête ⇨ *honnêteté*

Il est parfaitement *honnête*, tout le monde le sait.
→ Sa parfaite *honnêteté* est connue de tout le monde.
彼が完璧に誠実であることは皆が知っている。

honorer ⇨ *honneur*

Je suis très *honoré* d'être le premier président américain à visiter l'Afrique du Sud.

→ C'est un grand *honneur* pour moi d'être le premier président américain à visiter l'Afrique du Sud.

南アフリカを訪問する最初の米国大統領であることは私にとって大きな光栄です。

honteux, euse ⇨ *honte*

Tu n'es pas *honteux* d'arriver si tard ?

→ Tu n'as pas *honte* d'arriver si tard ?

こんなに遅く来てきみは恥ずかしくないのかね？

hospitalier, ère ⇨ *hospitalité*

Elle s'est montrée très *hospitalière* envers tout le monde.

→ Elle a fait preuve d'une grande *hospitalité* envers tout le monde.

彼女はだれでもたいへん親切に迎え入れた。

hostile ⇨ *hostilité*

Les retrouvailles de familles coréennes séparées, après avoir été *hostiles* pendant un demi-siècle, ont donné l'espoir d'une réconciliation durable dans la péninsule.

→ Les retrouvailles de familles coréennes séparées, après un demi-siècle d'*hostilités*, ont donné l'espoir d'une réconciliation durable dans la péninsule.

半世紀間も敵対したあとでの朝鮮半島の離散家族の再会は半島に永続的な和解の希望を与えた。

huer ⇨ *huée*

Sa faute *a été huée* par les spectateurs.

→ Sa faute a provoqué les *huées* des spectateurs.

彼の失策は観客のブーイングを引き起こした。

humain ⇨ *humanité*

Son dernier film est très *humain*.

→ Son dernier film est plein d'*humanité*.

彼の最近の映画は人間味あふれるものである。

humblement ⇨ *humilité*

M. Murayama a déclaré que « le gouvernement allait étudier *humblement* la recommandation de la justice et prendre des mesures aussi rapidement que possible ».

→ M. Murayama a déclaré que « le gouvernement allait étudier avec *humilité* la recommandation de la justice et prendre des mesures aussi rapidement que possible ».

村山首相は「政府は司法の勧告を謙虚に検討し、可及的速やかに措置を講じるつもりである」と述べた。

humide ⇨ *humidité*

Aujourd'hui, l'atmosphère est très *humide*.

→ Aujourd'hui, il y a beaucoup d'*humidité* dans l'atmosphère.

今日は大気の湿度が高い。

humilier ⇨ *humiliation*

Si M.Obuchi partait les mains vides à New York, il *serait* très *humilié*.

→ Partir les mains vides à New York serait une grande *humiliation* pour M. Obuchi.

小渕首相が手ぶらでニューヨークに行くならば彼は大きな屈辱を受けることになろう。

hurler ⇨ *hurlement*

A ce spectacle, la foule *a hurlé* de peur.

→ A ce spectacle, la foule a poussé un *hurlement* de peur.

この光景に、群集は恐怖の叫びをあげた。

hypocrite ⇨ *hypocrisie*

Il accuse la morale publique de son pays d'être *hypocrite*.
→ Il accuse l'*hypocrisie* de la morale publique de son pays.
彼は自国の公衆道徳の偽善性を非難する。

I

identifier ⇨ ***identification***

Une surveillance épidémiologique internationale accrue est nécessaire pour *identifier* un nouveau virus du sida.
→ L'*identification* d'un nouveau virus du sida nécessite une surveillance épidémiologique internationale accrue.

エイズの新型ウィルスの同定には国際的な疫学サーベイランスの強化が必要である。

identique ⇨ ***identité***

Nous avons des points de vue *identiques* sur les droits de l'homme.（vue は単数形）
→ Nous avons une *identité* de vues sur les droits de l'homme.（vues は複数形）

私たちは人権について見解が一致している。

ignorer ⇨ ***ignorance***

Le peuple japonais *ignorait* tout de la guerre du Pacifique.
→ Le peuple japonais était dans l'*ignorance* totale de la guerre du Pacifique.

日本国民は太平洋戦争について何も知らなかった。

illégal ⇨ ***illégalité***

Ils ignoraient que cette pratique commerciale était *illégale*.

→ Ils ignoraient l'*illégalité* de cette pratique commerciale.

彼らはこの商法が非合法であることを知らなかった。

illuminer ⇨ *illumination*

L'année de la France au Japon en 1998 fut inaugurée, lorsqu'on *illumina* la statue de la Liberté à Odaiba, dans la baie de Tokyo.

→ L'année de la France au Japon en 1998 fut inaugurée par l'*illumination* de la statue de la Liberté à Odaiba, dans la baie de Tokyo.

1998年の日本におけるフランス年は東京湾のお台場で自由の女神像がライトアップされて幕をあけた。

illustrer ⇨ *illustration*

L'augmentation du chômage *illustre* l'échec de cette politique économique.

→ L'augmentation du chômage est une *illustration* de l'échec de cette politique économique.

失業の増加はこの経済政策の失敗を例証するものである。

imbécile ⇨ *imbécillité*

On s'étonne de sa proposition *imbécile*.

→ On s'étonne de l'*imbécillité* de sa proposition.

彼の提案のバカバカしさには驚かされる。

imiter ⇨ *imitation*

Ce n'est pas son tableau, on l'*a imité*.

→ Ce n'est pas son tableau, c'est une *imitation*.

これは彼の絵ではない、贋作だ。

immense ⇨ *immensité*

Il a reculé en voyant que la tâche était *immense*.

→ Il a reculé devant l'*immensité* de la tâche.

仕事の膨大さに彼は尻込みした。

immerger (s') ⇨ *immersion*

L'accident s'est produit peu de temps après que le sous-marin *s'est immergé*.

→ L'accident s'est produit peu de temps après l'*immersion* du sous-marin.

事故は潜水艦が潜水した直後に起こった。

immigrer (s') ⇨ *immigration*

Le président Bill CLINTON a signé une loi interdisant aux travailleurs étrangers *d'immigrer* clandestinement.

→ Le président Bill CLINTON a signé une loi contre l'*immigration* clandestine des travailleurs étrangers.

クリントン大統領は外国人労働者の不法入国を禁止する法律に署名した。

immobile ⇨ *immobilité*

Notre marché de l'emploi souffre d'être cruellement *immobile*.

→ Notre marché de l'emploi souffre d'une cruelle *immobilité*.

わが国の労働市場は残酷なまでの不動性に悩んでいる。

imparfait ⇨ *imperfection*

C'est un film extraordinaire, bien qu'on y trouve des choses *imparfaites* du point de vue cinématographique.

→ C'est un film extraordinaire, malgré ses *imperfections* cinématographiques.

映画手法上はいろいろ不完全なところがあるが、それは並外れた映画だ。

impartial ⇨ *impartialité*

Je crois son appréciation *impartiale* en cette matière.

→ Je crois à l'*impartialité* de son appréciation en cette matière.

私はこの問題についての彼の評価は公平無私であると信じます。

impassible ⇨ *impassibilité*

L'accusé a écouté la sentence en restant *impassible*.

→ L'accusé a écouté la sentence avec *impassibilité*.

被告は平然として判決を聞いた。

impatient ⇨ *impatience*

Je suis *impatient* de connaître le résultat du concours.

→ J'attends avec *impatience* de connaître le résultat du concours.

選抜試験の結果が早く知りたい。

impertinent ⇨ *impertinence*

Ce gars-là me parle toujours de façon *impertinente*.

→ Ce gars-là me parle toujours avec *impertinence*.

あいつはいつも僕に横柄な口の利きかたをする。

implanter ⇨ *implantation*

Implanter des entreprises crée des emplois.

→ L'*implantation* d'entreprises crée des emplois.

企業の進出は雇用を創出する。

impoli ⇨ *impolitesse*

Il m'a traité d'une manière *impolie*.

→ Il m'a traité avec *impolitesse*.

彼は私を無礼な扱いで遇した。

importer ⇨ *importation*

L'Union européenne refuse d'*importer* des viandes aux hormones provenant des États-Unis ou du Canada.

→ L'Union européenne refuse l'*importation* de viandes aux hormones provenant des États-Unis ou du Canada.

欧州連合は米国やカナダからのホルモン牛の肉の輸入を拒否している。

importuner ⇨ *importunité*

Elle m'*importune* avec ses questions, cela m'énerve.

→ L'*importunité* de ses questions m'énerve.

彼女の質問のしつこさには、いらいらする。

impossible ⇨ *impossibilité*

Il est *impossible* que ce pays assure le paiement des intérêts de sa dette.

→ Ce pays est dans l'*impossibilité* d'assurer le paiement des intérêts de sa dette.

この国は負債の利息の支払いを確実に行なうことが不可能な状態にある。

imprécis ⇨ *imprécision*

Le tracé de la frontière est *imprécis* en quelques endroits.

→ Il y a quelques *imprécisions* dans le tracé de la frontière.

国境線には何箇所か不明確なところがある。

imprudent ⇨ *imprudence*

Il a perdu sa réputation après qu'il se fût montré *imprudent* en matière de politique économique.

→ Il a perdu sa réputation après une *imprudence* de politique économique.

彼は経済政策で慎重さを欠いた結果人気を失った。

impuissant ⇨ *impuissance*

Les terroristes du GIA ont mis en lumière le fait que le pouvoir était *impuissant* face à la violence.

→ Les terroristes du GIA ont mis en lumière l'*impuissance* du pouvoir face à la violence.

GIA（武装イスラム集団）のテロリストは暴力にたいして権力側が無力であることを明らかにした。

inaugurer ⇨ *inauguration*

La statue de la Liberté *a été inaugurée* par Jacques Chirac mardi dans le port de Tokyo.

incapable

→ L'*inauguration* de la statue de la Liberté a été célébrée par Jacques Chirac mardi dans le port de Tokyo.

自由の女神像の除幕式は東京港で火曜日にジャック・シラクによって行われた。

incapable ⇨ *incapacité*

Les problèmes économiques de ces pays peuvent être imputés au fait qu'ils sont *incapables* de bien se placer sur les marchés mondiaux.

→ Les problèmes économiques de ces pays peuvent être imputés à leur *incapacité* à bien se placer sur les marchés mondiaux.

これら諸国の経済上の問題は彼らがうまく世界市場に乗れないでいることに起因すると考えられる。

incertain ⇨ *incertitude*

La dissolution du Parlement a plongé le pays, pendant une longue période, dans une situation politique *incertaine*.

→ La dissolution du Parlement a plongé le pays dans une longue période d'*incertitude* politique.

議会の解散はこの国を長期にわたって政治的不安定状態に陥れた。

inciter ⇨ *incitation*

Ces mesures *incitent* à la "vigilance civique" pour limiter les effets des nuisances en ville.

→ Ces mesures sont une *incitation* à la "vigilance civique" pour limiter les effets des nuisances en ville.

これらの措置は都市部における公害の影響を制限するため「市民による監視体制」をうながすものだ。

incohérent ⇨ *incohérence*

De nouvelles fouilles ont été menées parce que les découvertes de Cousteau étaient *incohérentes*.

→ De nouvelles fouilles ont été menées en raison de l'*incohérence* des découvertes de Cousteau.

クストーによる発見に一貫性がなかったため新たな海底調査が行なわれた。

incompatible ⇨ *incompatibilité*

Ces deux solutions sont *incompatibles*, cela saute aux yeux.

→ L'*incompatibilité* de ces deux solutions saute aux yeux.

この二つの解決が相容れないことは一目瞭然だ。

incompétent ⇨ *incompétence*

Je reconnais que je suis *incompétent* en cette matière.

→ Je reconnais mon *incompétence* en cette matière.

私はこの分野については専門知識がないことを認めます。

inculper ⇨ *inculpation*

Les enquêtes internationales devraient permettre d'*inculper* quelqu'un pour crimes contre l'humanité.

→ Les enquêtes internationales devraient permettre des *inculpations* pour crimes contre l'humanité.

国際的調査は人道に対する罪による告訴を可能にすべきであろう。

indemniser ⇨ *indemnisation*

Pyongyang demande au Japon de l'*indemniser* pour l'occupation de la péninsule coréenne par l'armée nippone de 1910 à 1945.

→ Pyongyang demande au Japon une *indemnisation* pour l'occupation de la péninsule coréenne par l'armée nippone de 1910 à 1945.

北朝鮮は日本に1910年から1945年までの日本軍による朝鮮半島の占領にたいする賠償を要求している。

indépendant ⇨ *indépendance*

Que la vitesse de la chute des corps dans le vide soit *indé-*

pendante de leur masse, cela est évident.

→ L'*indépendance* de la vitesse de la chute des corps dans le vide par rapport à leur masse est évidente.

真空内での物体の落下速度が物体の質量に関係がないのは自明のことだ。

indexer ⇨ *indexation*

Il a été décidé d'*indexer* les pensions sur les prix.

→ L'*indexation* des pensions sur les prix a été décidée.

年金を物価にスライドさせることが決定された。

indifférent ⇨ *indifférence*

On soupçonne ces médecins d'être *indifférents* à l'égard des souffrances de leurs patients.

→ On soupçonne ces médecins d'*indifférence* à l'égard des souffrances de leurs patients.

これらの医者は患者の苦痛に無関心であるとの疑いを受けている。

indigné ⇨ *indignation*

Le parti communiste a été vivement *indigné* par la mise en examen de M. Hue et de M. Marchais.

→ La mise en examen de M. Hue et de M. Marchais a provoqué une vive *indignation* de la part du parti communiste.

ユ氏とマルシェ氏が取り調べを受けたことは共産党をいたく憤慨させた。

indiscret, ète ⇨ *indiscrétion*

Il voulait bannir du journal ce qui peut ennuyer et faire une place plus grande aux révélations *indiscrètes* et aux faits divers.

→ Il voulait bannir du journal ce qui peut ennuyer et faire une place plus grande aux *indiscrétions* et aux faits divers.

彼は新聞から退屈な記事を追放し、不謹慎な暴露記事や三面記事に

もっとスペースを割こうと望んでいた。

indisposé ⇨ *indisposition*

Lors du concert de gala, le président de la République semblait légèrement *indisposé*.

→ Lors du concert de gala, le président de la République semblait souffrir d'une légère *indisposition*.

ガラコンサートのとき大統領はすこし気分が悪そうだった。

indulgent ⇨ *indulgence*

Parce qu'il s'est de lui-même rendu à la justice internationale, les juges se montrent relativement *indulgents* à son égard.

→ Le fait qu'il se soit de lui-même rendu à la justice internationale lui vaut une relative *indulgence* des juges.

彼が自発的に国際裁判所に出向いたことで、判事たちは彼に比較的寛大である。

inerte ⇨ *inertie*

Il est difficile de le faire sortir de son état *inerte*.

→ Il est difficile de le faire sortir de son *inertie*.

彼を無気力状態から脱出させるのは困難だ。

inférieur ⇨ *infériorité*

Le jeune élève est timide et renfermé, persuadé d'être *inférieur* aux autres.

→ Le jeune élève est timide et renfermé, persuadé de son *infériorité* par rapport aux autres.

その年端のいかない生徒は内気で閉鎖的であり、自分は他人より劣っていると思い込んでいる。

infirme ⇨ *infirmité*

Il n'a jamais eu honte d'être *infirme*.

→ Il n'a jamais eu honte de son *infirmité*.

彼は体が不自由であるのを恥ずかしいと思ったことは一度もない。

inflammable ⇨ *inflammabilité*

Le butane est notoirement *inflammable*.

→ Le butane est d'une *inflammabilité* notoire.

ブタンは周知のとおり可燃性がある。

inflexible ⇨ *inflexibilité*

Etant donné que Washington paraît vouloir se montrer *inflexible*, les dirigeants japonais s'attendent à un nouvel affrontement.

→ Etant donné l'*inflexibilité* dont paraît vouloir faire preuve Washington, les dirigeants japonais s'attendent à un nouvel affrontement.

米国がかたくなな態度を取ろうとしているらしいので、日本の首脳部は新たな対決を予想している。

influencer ⇨ *influence*

Cette vision fantastique, peuplée de démons et divinités étranges, *est* clairement *influencée* par l'animisme shinto.

→ Cette vision fantastique, peuplée de démons et divinités étranges, reflète une *influence* claire de l'animisme shinto.

この異形の妖怪や神々に満ちた幻想は明らかに神道的アニミズムの影響を受けている。

informer ⇨ *information*

Les responsables ont refusé de confirmer en avoir *été informés*.

→ Les responsables ont refusé de confirmer avoir reçu cette *information*.

責任者はその情報を得ていたと言いきることを拒絶した。

ingénieux, euse ⇨ *ingéniosité*

Elle a montré qu'elle était très *ingénieuse* dans le bricolage.

→ Elle s'est montrée d'une grande *ingéniosité* dans le bricolage.

彼女は日曜大工がたいへん上手であることを示した。

ingrat ⇨ *ingratitude*

Son attitude montre qu'il est *ingrat* à mon égard.

→ Son attitude témoigne de son *ingratitude* à mon égard.

彼の態度は私にたいする彼の忘恩を示している。

initier ⇨ *initiation*

Il suit des cours pour *s'initier* à l'archéologie.

→ Il suit des cours d'*initiation* à l'archéologie.

彼は考古学の入門講座を受けている。

injuste ⇨ *injustice*

Cette baisse généralisée des impôts était socialement *injuste*.

→ Cette baisse généralisée des impôts était une *injustice* sociale.

この税金の一律引き下げは社会的な不正である。

J, L

justifier ⇨ *justification*

Il est impossible de *justifier* une telle négligence.

→ La *justification* d'une telle négligence est impossible.

このような怠慢は正当化できることではない。

lâche ⇨ *lâcheté*

Je ne le croyais pas aussi *lâche*.

→ Je ne le croyais pas d'une aussi grande *lâcheté*.

彼がこんなに卑怯だとは思わなかった。

laid ⇨ *laideur*

laïque

Ces figures animées sont très *laides*.

→ Ces figures animées sont d'une grande *laideur*.

これらアニメの人物たちはたいへん醜い。

laïque ⇨ *laïcité*

La Constitution garantit que l'Etat est *laïque*.

→ La Constitution garantit la *laïcité* de l'Etat.

憲法は国家の政教分離を保障している。

lancer ⇨ *lancement*

L'entreprise se prépare à *lancer* un nouveau produit sur le marché.

→ L'entreprise prépare le *lancement* d'un nouveau produit sur le marché.

企業は新製品の市場への発売を準備している。

las, lasse ⇨ *lassitude*

Un nombre croissant d'hommes sont très *las* du modèle viril.

→ Un nombre croissant d'hommes éprouvent une grande *lassitude* vis-à-vis du modèle viril.

男らしさの理想像にうんざりしている男たちが増えている。

légal ⇨ *légalité*

On peut douter que le nouveau régime soit *légal*.

→ On peut douter de la *légalité* du nouveau régime.

新政権が合法的かどうかは疑わしい。

léger, ère ⇨ *légèreté*

La punition a été très *légère*.

→ La punition a été d'une grande *légèreté*.

罰は極めて軽かった。

légitime ⇨ *légitimité*

On n'est pas sûr que sa demande soit *légitime*.

→ On n'est pas sûr de la *légitimité* de sa demande.

彼の要求が正当なものであるかどうかは確かではない。

lent ⇨ *lenteur*

Le professeur s'irritait de ce que son élève était *lent à* répondre.

→ Le professeur s'irritait de la *lenteur* de son élève à répondre.

先生は生徒がなかなか答えないのでいらいらしていた。

lever ⇨ *levée*

La société internationale a décidé de *lever* l'embargo sur ce pays.

→ La société internationale a décidé la *levée* de l'embargo sur ce pays.

国際社会は同国への禁輸措置を解除することを決定した。

libérer ⇨ *libération*

Pékin a décidé de *libérer* l'équipage de l'avion-espion américain.

→ Pékin a décidé la *libération* de l'équipage de l'avion-espion américain.

中国は米国スパイ機の乗務員の釈放を決定した。

libre ⇨ *liberté*

Ayant moins de pouvoir, les femmes journalistes sont moins *libres* de faire passer leurs sujets et leurs préoccupations.

→ Ayant moins de pouvoir, les femmes journalistes ont moins de *liberté* pour faire passer leurs sujets et leurs préoccupations.

（社内での）発言力が（男より）弱いので女性ジャーナリストは自分のテーマと関心事項が採用される自由度がより小さい。

licencier ⇨ *licenciement*

La direction a décidé de *licencier* 300 employés.

→ La direction a décidé le *licenciement* de 300 employés.

経営陣は 300 人の従業員の解雇を決定した。

lier ⇨ *lien*

Il n'y avait pas encore de preuve crédible permettant de *lier* la psychose actuelle de la maladie du charbon à Al Qaïda.

→ Il n'y avait pas encore de preuve crédible permettant d'établir un *lien* entre la psychose actuelle de la maladie du charbon et Al Qaïda.

現在の炭疽病パニックとアルカイダとの間を結び付ける信用するに足る証拠はまだ存在しなかった。

limiter ⇨ *limitation*

Les rassemblements publics *étant limités*, la tenue des élections devient difficile.

→ La *limitation* des rassemblements publics rend difficile la tenue des élections.

公的集会が制限されているので選挙の実施は困難になっている。

limoger ⇨ *limogeage*

M. Koizumi ne mesurait pas la portée du fait qu'il *avait limogé* Mme Tanaka.

→ M. Koizumi ne mesurait pas la portée du *limogeage* de Mme Tanaka.

小泉首相は田中真紀子を更迭したことの影響を測りかねていた。

lire ⇨ *lecture*

Après *avoir lu* attentivement le document, ils constatèrent qu'il était loin d'être négligeable.

→ Après une *lecture* attentive du document, ils constatèrent qu'il était loin d'être négligeable.

注意深く資料を読んだ後、彼らはそれがとうてい無視しえないものであることを確認した。

livrer ⇨ *livraison*

Les vins les plus cotés du vignoble bordelais ont été vendus deux ans avant qu'ils n'*aient été* réellement *livrés*.

→ Les vins les plus cotés du vignoble bordelais ont été vendus deux ans avant leur *livraison* effective.

ボルドー産の最上のワインは実際に配達される2年前に売り切れた。

localiser ⇨ *localisation*

A l'heure actuelle, on *se localise* facilement grâce au GPS.

→ A l'heure actuelle, la *localisation* se fait facilement grâce au GPS.

今日では、GPS のおかげで現在の位置が簡単に分かる。

long, longue ⇨ *longueur*

La Seine est *longue* de 776 km.

→ La *longueur* de la Seine est de 776 km.

セーヌ川の全長は 776 キロメートルである。

louer ⇨ *localion*

Où est-ce que je pourrais me renseigner pour *louer* une chambre dans une auberge de jeunesse pour quelques jours ?

→ Où est-ce que je pourrais me renseigner pour la *location* d'une chambre dans une auberge de jeunesse pour quelques jours ?

ユースホステルの部屋を何日か予約するにはどこで聞けばいいでしょうか。

lourd ⇨ *lourdeur*

Je me sens somnolent et l'estomac *lourd* après les repas.

→ Je me sens somnolent et des *lourdeurs* d'estomac après les repas.

私は食事のあとで眠気がし、胃が重い。

lutter ⇨ *lutte*

luxueux, euse

Cette association *lutte* avec acharnement contre la captivité des cétacés.

→ Cette association mène une *lutte* acharnée contre la captivité des cétacés.

この団体は捕鯨に反対して執拗に闘っている。

luxueux, euse ⇨ *luxe*

Il a choisi un logement pas trop *luxueux*.

→ Il a choisi un logement sans *luxe* excessif.

彼はあまり華美にわたらない住宅を選んだ。

M

magnifique ⇨ *magnificence*

Ces paysages *magnifiques* invitent à la villégiature.

→ La *magnificence* de ces paysages invite à la villégiature.

その風景はすばらしく、そこに保養に出かけたくなる。

maigre ⇨ *maigreur*

Son corps est devenu extrêmement *maigre*.

→ Son corps est devenu d'une *maigreur* extrême.

彼女の体は極度に痩せ細った。

maintenir ⇨ *maintien*

Tous les pays du monde devraient se donner la main pour *maintenir* la paix.

→ Tous les pays du monde devraient se donner la main pour le *maintien* de la paix.

世界のすべての国は平和維持のために手をつなぐべきであろう。

maîtriser ⇨ *maîtrise*

Il ne pouvait plus *se maîtriser* devant le danger.

→ Il avait perdu la *maîtrise* de soi devant le danger.

危険を前にして彼は自制心を失っていた。

majeur ⇨ *majorité*

Elle deviendra *majeure* dans un mois.

→ Elle atteindra sa *majorité* dans un mois.

彼女はあと1カ月で成年に達する。

majorer ⇨ *majoration*

Il s'attendait à voir son salaire *majoré* de 70%.

→ Il s'attendait à une *majoration* de son salaire de 70%.

彼は給料が70%増額されるのを予期していた。

malade ⇨ *maladie*

Il est gravement *malade*.

→ Il est atteint d'une *maladie* grave.

彼は重病にかかっている。

maladroit ⇨ *maladresse*

Il s'est montré très *maladroit* avec elle.

→ Il a fait preuve d'une grande *maladresse* avec elle.

彼は彼女に対してたいへんぎこちなかった。

manier ⇨ *maniement*

Cet appareil est facile *à manier*.

→ Cet appareil est d'un *maniement* facile.

この機器は操作が簡単だ。

manipuler ⇨ *manipulation*

Beaucoup de chefs d'entreprise *ont manipulé* les comptes.

→ Beaucoup de chefs d'entreprise ont pratiqué des *manipulations* comptables.

多くの企業主が会計操作を行なった。

manquer ⇨ *manque*

C'est parce qu'il *manque* de main-d'œuvre que ce pays ne voit pas son économie reprendre ses forces.

→ Le *manque* de main-d'œuvre empêche l'économie de ce pays de reprendre ses forces.

労働力不足のためこの国の経済は力が取り戻せないでいる。

massacrer ⇨ *massacre*

Les habitants du village *ont été massacrés* jeudi dernier.

→ Le *massacre* des habitants du village a été perpétré jeudi dernier.

村民の虐殺はさる木曜日に行なわれた。

massivement ⇨ *masse*

Les jeunes sont venus *massivement* écouter le live.

→ Les jeunes sont venus en *masse* écouter le live.

若者たちが大挙してライヴを聞きに来た。

mature ⇨ *maturité*

Nous sommes dans un pays où la démocratie n'est pas encore *mature*.

→ Nous sommes dans un pays où la démocratie n'a pas encore atteint sa *maturité*.

われわれは民主主義がまだ成熟していない国にいるのだ。

maudire ⇨ *malédiction*

Ce village est *maudit*.

→ Il y a une *malédiction* sur ce village.

この村は呪われているのだ。

méchant ⇨ *méchanceté*

Je ne m'attendais pas à ce qu'il soit tellement *méchant*.

→ Je ne m'attendais pas à une telle *méchanceté* de sa part.

彼がこんなに意地悪であるとは思わなかった。

ménager

mécontent ⇨ *mécontentement*

Le Premier ministre aurait dit qu'il était *mécontent*.

→ Le Premier ministre aurait dit son *mécontentement*.

首相は不満の意を述べたらしい。

médiocre ⇨ *médiocrité*

L'État où les citoyens ont une vie *médiocre* est le mieux administré.

→ L'État où les citoyens vivent dans la *médiocrité* est le mieux administré.

国民がそこそこの生活を送っている国家こそ最良に統治されている国家である。

méfier (se) ⇨ *méfiance*

Elle l'a suivi sans *se méfier*.

→ Elle l'a suivi sans *méfiance*.

警戒心を抱かず彼女は彼について行った。

mélanger ⇨ *mélange*

Il est recommandé de *mélanger* 2 composants mécaniquement sans autre ajout.

→ Il est recommandé de faire le *mélange* de 2 composants mécaniquement sans autre ajout.

二つの成分を何も加えずに機械的に混ぜることをおすすめします。

menacer ⇨ *menace*

Certains estiment que la guerre en Irak *menaçait* la paix mondiale.

→ Certains estiment que la guerre en Irak constituait une *menace* pour la paix mondiale.

イラク戦争は世界平和を脅かしていたと見る人々もいる。

ménager ⇨ *ménagement*

On ne m'*a* pas *ménagé* en me reprochant ma faute.

mentionner

→ On m'a reproché ma faute sans *ménagement*.
私の過ちは容赦なく非難された。

mentionner ⇨ *mention*

Dans ce document, on *mentionne* les atteintes aux droits de l'homme.

→ Dans ce document, on fait *mention* des atteintes aux droits de l'homme.
この文書では人権侵害のことが言及されている。

méprendre (se) ⇨ *méprise*

L'auteur *s'est mépris* à cet égard.

→ Il y a eu *méprise* à cet égard de la part de l'auteur.
そのことで著者に誤解があった。

mépriser ⇨ *mépris*

Il *méprisait* profondément les gens avec qui il vivait.

→ Il avait un *mépris* profond pour les gens avec qui il vivait.
彼は共に暮らしている人々を心底軽蔑していた。

mesurer ⇨ *mesure*

Il existe certaines échelles permettant de *mesurer* le stress qui vous affecte.

→ Il existe certaines échelles permettant de prendre les *mesures* du stress qui vous affecte.
あなたを悩ませているストレスを測る目安がいくつか存在する。

mettre au point ⇨ *mise au point*

Il y a 100 ans que cette technique *a été mise au point*.

→ La *mise au point* de cette technique date d'il y a 100 ans.
この技術が開発されたのは100年前だ。

mince ⇨ *minceur*

Nos médias montrent des filles incroyablement *minces*.

→ Nos médias montrent des filles d'une *minceur* incroyable.

われわれのメディアは信じられないほど痩せた女の子を見せつける。

minutieux, ieuse ⇨ *minutie*

Ce film est extrêmement *minutieux* en ce qui concerne l'enchaînement chronologique des événements.

→ Ce film fait preuve d'une *minutie* extrême en ce qui concerne l'enchaînement chronologique des événements.

この映画は出来事の時間連鎖の処理において極度の細心さを示している。

mobiliser ⇨ *mobilisation*

75 000 internautes volontaires *ayant été mobilisés*, la base de données de ce dossier est désormais en libre accès sur internet.

→ Grâce à la *mobilisation* de 75 000 internautes volontaires, la base de données de ce dossier est désormais en libre accès sur internet.

75000人のインターネット利用者有志の尽力のお蔭でこの一件のデータベースが今や自由にアクセス出来るようになった。

modéré ⇨ *modération*

Il se montre très *modéré* dans ses propos.

→ Il fait preuve d'une grande *modération* dans ses propos.

彼は言葉遣いがたいへん穏やかだ。

modeste ⇨ *modestie*

Faire preuve d'esprit sportif, c'est accepter la victoire d'une façon *modeste* et sans ridiculiser son adversaire.

→ Faire preuve d'esprit sportif, c'est accepter la victoire avec *modestie* et sans ridiculiser son adversaire.

スポーツマンシップを示すとは、相手を笑いものにせず、勝利を謙虚に受け入れることだ。

mou, mol, molle ⇨ *mollesse*

Si une carotte est *molle*, cela signifie qu'elle a séjourné longtemps en chambre froide.

→ La *mollesse* d'une carotte signifie qu'elle a séjourné longtemps en chambre froide.

ニンジンが柔らかいことは、冷たい部屋に長時間置かれていたことを意味する。

multiplier ⇨ *multiplication*

Il est frappant de constater que les constructions d'immeubles *se sont multipliées* dans ce quartier, ces dernières années.

→ Il est frappant de constater une *multiplication* des constructions d'immeubles dans ce quartier, ces dernières années.

近年この地区でのマンション新築が目立って増えている。

mûrir ⇨ *mûrissement*

Cueillez les fruits au fur et à mesure qu'ils *mûrissent*.

→ Cueillez les fruits au fur et à mesure de leur *mûrissement*.

熟れてくる順に果物を摘み取りなさい。

N

naïf, ive ⇨ *naïveté*

Ils sont *naïfs* et ça m'étonne. Comment ont-ils pu accepter de prendre de tels risques ?

→ Je m'étonne de leur *naïveté*, comment ont-ils pu accepter de prendre de tels risques ?

彼らのおめでたさにはあきれる。どうしてこんなリスクを冒すこと

を承知できたんだろう。

naturaliser ⇨ *naturalisation*

Quand a-t-elle choisi de se faire *naturaliser* française ?

→ Quand a-t-elle choisi de devenir française par *naturalisation* ?

彼女はいつフランスに帰化することを選んだのですか。

négativement ⇨ *négative*

Il aurait fallu répondre *négativement* à une telle question.

→ Il aurait fallu répondre par la *négative* à une telle question.

そのような質問には否と答えるべきだった。

nerveux, euse ⇨ *nervosité*

A 3 jours de son mariage, Isabelle est très *nerveuse*.

→ A 3 jours de son mariage, Isabelle est d'une grande *nervosité*.

結婚を3日後にひかえてイザベルはたいへん気が立っている。

net, nette ⇨ *netteté*

L'image est très *nette*.

→ L'image est d'une grande *netteté*.

映像はたいへん鮮明である。

noyer (se) ⇨ *noyade*

Beaucoup de personnes *se sont noyées* ici cet été.

→ Il y a eu beaucoup de *noyades* ici cet été.

この夏ここで大勢の人が溺死した。

nul, nulle ⇨ *nullité*

Le tribunal a conclu que la transaction était *nulle*.

→ Le tribunal a conclu à la *nullité* de la transaction.

裁判所は取引は無効であるとの結論を出した。

O

obèse ⇨ *obésité*

Ils ne s'inquiètent pas d'être *obèses*.

→ Ils ne s'inquiètent pas de leur *obésité*.

彼らは肥満症であることを気にしていない。

objecter ⇨ *objection*

Il n'*objecte* rien à la commercialisation de ce genre de produits.

→ Il n'a aucune *objection* à la commercialisation de ce genre de produits.

彼はこの種の製品の販売には何の異論もない。

objectif, ive ⇨ *objectivité*

Je doute que les médias soient *objectifs*.

→ Je doute de l'*objectivité* des médias.

私はメディアの客観性に疑いをもっている。

obligé ⇨ *obligation*

Le licencié est *obligé* de se conformer à certaines exigences de qualité.

→ C'est une *obligation* pour le licencié de se conformer à certaines exigences de qualité.

いくつかの品質上の要請に従うことがライセンス取得者の義務である。

obscur ⇨ *obscurité*

La chambre était *obscure* et cela l'empêchait de distinguer quoi que ce soit.

→ L'*obscurité* de la chambre l'empêchait de distinguer quoi que ce soit.

寝室は暗くて彼には何の見分けもつかなかった。

obséder ⇨ *obsession*

Il *est obsédé* par les chutes de météorites.

→ Les chutes de météorites sont une *obsession* pour lui.

隕石の落下が彼の強迫観念になっている。

obstiné ⇨ *obstination*

Elle s'est montrée *obstinée* et créative dans l'enseignement.

→ Elle a fait preuve d'*obstination* et de créativité dans l'enseignement.

彼女は教育において粘り強さと創造性を発揮した。

obtenir ⇨ *obtention*

Il n'est pas facile d'*obtenir* des données à ce sujet.

→ L'*obtention* de données à ce sujet n'est pas facile.

その件についてデータを得るのは容易ではない。

offrir ⇨ *offre*

En moyenne, environ 7.000 emplois sont o*fferts* chaque année.

→ En moyenne, il y a environ 7.000 *offres* d'emploi chaque année.

平均して毎年7千件の求人がある。

omettre ⇨ *omission*

Beaucoup de choses ont *été omises* dans son récit.

→ Il y a beaucoup d'*omissions* dans son récit.

彼の話の中にはたくさん脱落がある。

opportun ⇨ *opportunité*

Nous allons discuter s'il est *opportun* de construire de nou-

opposer (s')

velles autoroutes.

→ Nous allons discuter de l'*opportunité* de construire de nouvelles autoroutes.

新しい高速道路を建設することの是非をこれから議論するところだ。

opposer (s') ⇨ *opposition*

La France vient de *s'opposer* à la proposition de la Norvège.

→ La France vient de faire *opposition* à la proposition de la Norvège.

フランスはノルウェーの提案に反対したところである。

opprimer ⇨ *oppression*

La religion est souvent utilisée comme un moyen pour *opprimer* les femmes.

→ La religion est souvent utilisée comme un moyen d'*oppression* des femmes.

宗教は女性抑圧の手段として用いられる場合が多い。

oral ⇨ *oral*

Il a été reçu à l'examen *oral*.

→ Il a été reçu à l'*oral*.

彼は口述試験に受かった。

orgueilleux, euse ⇨ *orgueil*

Ce pays est *orgueilleux* de ses parcs naturels magnifiques.

→ Ce pays a l'*orgueil* de ses parcs naturels magnifiques.

この国はその素晴らしい自然公園を誇りにしている。

original ⇨ *originalité*

Ce documentaire fait ressortir ce que les festivités avaient d'*original*.

→ Ce documentaire fait ressortir l'*originalité* des festivités.

この記録映画は祝典の持っていた独自性を浮き立たせている。

oublier ⇨ *oubli*

　Je prends des notes pour ne pas *oublier* des noms d'élèves.

→ Je prends des notes pour éviter l'*oubli* de noms d'élèves.

　私は生徒の名前を忘れないようにノートをとる。

ouvrir ⇨ *ouverture*

　Le guichet de la banque *ouvre* à 9h.

→ L'*ouverture* du guichet de la banque est à 9h.

　銀行の窓口が開くのは9時だ。

p

paraître ⇨ *parution*

　Lorsque ce livre *a paru*, il n'y a pas eu de rectificatif.

→ Lors de la *parution* de ce livre, il n'y a pas eu de rectificatif.

　この本が出たとき訂正表はなかった。

paralyser ⇨ *paralysie*

　Le trafic aérien *a été* complètement *paralysé* par le typhon.

→ Le typhon a provoqué une *paralysie* complète du trafic aérien.

　台風のため空の便が完全にマヒした。

paresseux, euse ⇨ *paresse*

　Ce peuple était connu pour être *paresseux* et fataliste.

→ Ce peuple était connu pour sa *paresse* et son fatalisme.

　この民族は怠惰であり運命論者であることで知られていた。

parfait ⇨ *perfection*

　La qualité gustative de ce produit alimentaire est près d'être *parfaite*.

→ La qualité gustative de ce produit alimentaire est proche de la *perfection*.

この食品の味覚上の特質はほとんど完璧に近い。

parier ⇨ *pari*

J'*ai parié* qu'elle réussirait du premier coup.

→ J'ai fait un *pari* qu'elle réussirait du premier coup.

私は彼女が初回で成功することを請け合った。

partager ⇨ *partage*

En partageant le travail, nous voulons créer de l'emploi et diminuer le chômage.

→ En pratiquant le *partage* du travail, nous voulons créer de l'emploi et diminuer le chômage.

ワークシェアリングを行なって、われわれは雇用を生み出し、失業を減らしたいと思っている。

participer ⇨ *participation*

Le congrès s'est achevé sur une conférence de presse à laquelle *ont participé* tous les représentants des pays membres.

→ Le congrès s'est achevé sur une conférence de presse tenue avec la *participation* de tous les représentants des pays membres.

大会は加盟国代表全員参加の記者会見をもって終了した。

particulier ⇨ *particularité*

Cet hôpital a ceci de *particulier* qu'il dispose d'un service des sports constitué par un personnel qualifié.

→ Cet hôpital a la *particularité* de disposer d'un service des sports constitué par un personnel qualifié.

この病院は資格のあるスタッフから成るスポーツ診療科があるのが特徴だ。

partir ⇨ *départ*

Son père *étant parti*, il vit seul avec sa mère.

→ Suite au *départ* de son père, il vit seul avec sa mère.

父親が去り、彼は母親と二人きりで暮らしている。

patient ⇨ *patience*

S'ils étaient *patients*, ils arriveraient à leurs fins.

→ Avec de la *patience,* ils arriveraient à leurs fins.

彼らは辛抱強くやれば目的は達成できるだろう。

payer ⇨ *paiement*

Ce logement est à *payer* sur 25 ans.

→ Le *paiement* de ce logement s'échelonne [s'étale] sur 25 ans.

この住宅の支払いは25年のローンだ。

pêcher ⇨ *pêche*

Ils *ont pêché* 1500 tonnes de sardines.

→ Ils ont réalisé une *pêche* de 1500 tonnes de sardines.

彼らは1500トンのイワシを水揚げした。

peigner (se) ⇨ *peigne*

Elle a oublié de *se peigner* ce matin.

→ Elle a oublié de se donner un coup de *peigne* ce matin.

彼女は今朝髪をとかすのを忘れた。

peiner ⇨ *peine*

Karzaï *a peiné* pour [à] former un gouvernement.

→ Karzaï a eu de la *peine* à former un gouvernement.

カルザイは組閣するのに苦労した。

percevoir ⇨ *perception*

Pourrait-on imaginer que l'homme puisse évoluer dans son aptitude à *percevoir* l'espace ?

→ Pourrait-on imaginer que l'homme puisse évoluer dans sa *perception* de l'espace ?

人間が空間認知能力において進化するということが想像できるだろうか？

perdre ⇨ *perte*

L'avion s'est écrasé au sol *en perdant* de la vitesse.

→ L'avion s'est écrasé au sol à cause d'une *perte* de vitesse.

飛行機は失速して地上に墜落した。

perfectionner ⇨ *perfectionnement*

Ce manuel a été conçu pour *perfectionner* votre français.

→ Ce manuel a été conçu pour le *perfectionnement* de votre français.

この教科書はあなたのフランス語をブラシュアップするために考案されたものである。

permanent ⇨ *permanence*

Il est autorisé à exercer ses activités professionnelles de façon *permanente* dans ce pays.

→ Il est autorisé à exercer ses activités professionnelles en *permanence* dans ce pays.

彼はこの国で常時職業活動をすることが許されている。

permettre ⇨ *permission*

Il lui *est permis* de resuivre ce cours.

→ Il a la *permission* de resuivre ce cours.

彼はこの講義を再履修することが許可されている。

perplexe ⇨ *perplexité*

La situation l'a rendu très *perplexe*.

→ La situation l'a jeté dans une grande *perplexité*.

その状況にあって彼はたいへん困惑した。

persécuter ⇨ *persécution*

Pendant la Seconde Guerre mondiale, les Juifs ont été atrocement *persécutés*.

→ Pendant la Seconde Guerre mondiale, d'atroces *persécutions* ont été exercées contre les Juifs. [les Juifs ont fait l'objet d'atroces *persécutions*.]

第二次世界大戦の間ユダヤ人は残忍な迫害を受けた。

persévérant ⇨ *persévérance*

Au fil de son parcours, elle s'est montrée exceptionnellement *persévérante*, ce dont sont capables seuls les véritables athlètes.

→ Au fil de son parcours, elle a fait preuve d'une *persévérance* dont sont capables seuls les véritables athlètes.

レースを通して彼女は真の運動選手にのみ可能である桁外れな粘り強さを発揮した。

persuader ⇨ *persuasion*

Il a le don de *persuader* les gens d'agir ou de penser comme lui.

→ Il a un don de *persuasion* auprès des gens pour qu'ils agissent ou pensent comme lui.

彼は人を自分と同じように行動し考えるように説得する才能を持っている。

perturber ⇨ *perturbation*

La grève a fortement *perturbé* le trafic aérien.

→ La grève a provoqué de fortes *perturbations* dans le trafic aérien.

そのストライキは空の便に大きな混乱を引き起こした。

peser ⇨ *pesée*

Ce service s'occupe de *peser* les poissons pêchés.

→ Ce service s'occupe de la *pesée* des poissons pêchés.

この係はとれた魚の重量測定が役目です。

petit ⇨ *petitesse*

Les astronautes qui ont marché sur la Lune ont été abasourdis par le fait que notre planète soit *petite* dans l'immensité de l'espace.

→ Les astronautes qui ont marché sur la Lune ont été abasourdis par la *petitesse* de notre planète dans l'immensité de l'espace.

月面を歩いた飛行士は宇宙の広大さの中でわが地球が小さいことに呆然とした。

piéger ⇨ *piège*

La marée est devenue noire, le pétrole est monté à la surface de l'eau, les oiseaux se sont fait *piéger*.

→ La marée est devenue noire, le pétrole est monté à la surface de l'eau, les oiseaux se sont fait prendre au *piège*.

海水が黒くなった。原油が水面に出て来た。鳥たちはそれに絡め取られた。

piétiner ⇨ *piétinement*

Il s'est plaint que certains projets *piétinent*.

→ Il s'est plaint du *piétinement* de certains projets.

彼はいくつかのプロジェクトが進捗していないことを嘆いた。

piller ⇨ *pillage*

Il a fui dans les collines des environs de Bamiyan pour éviter les talibans qui étaient venus *piller* son village.

→ Il a fui dans les collines des environs de Bamiyan pour éviter le *pillage* de son village par des talibans.

彼はタリバンが村を略奪しにやってくるのを避けてバーミヤン近辺の山に逃れた。

piloter ⇨ *pilotage*

Créer et *piloter* un réseau de santé sont choses difficiles.

→ La création et le *pilotage* d'un réseau de santé sont choses difficiles.

保健ネットワークを立ち上げて運営するのは難しいことだ。

placer ⇨ *placement*

Tu *as* mal *placé* ton argent.

→ Tu as fait un mauvais *placement*.

君は下手な投資をしたね。

plaindre (se) ⇨ *plainte*

Si le cas se présente, la travailleuse peut *se plaindre* auprès d'un tribunal afin que ses droits soient reconnus.

→ Si le cas se présente, la travailleuse peut porter (une) *plainte* auprès d'un tribunal afin que ses droits soient reconnus.

その事例が生じた場合は、その働く女性は自分の権利を認めさせるため裁判所に訴えることができる。

plaire ⇨ *plaisir*

Votre aimable lettre m'*a* beaucoup *plu*.

→ Votre aimable lettre m'a fait un grand *plaisir*.

あなたのお手紙たいへん嬉しく拝読しました。

planifier ⇨ *planification*

Voilà le site permettant de *planifier* vos voyages.

→ Voilà le site pour faire la *planification* de vos voyages.

これはあなたの旅行計画のためのサイトです。

planter ⇨ *plantation*

On ne fait pas que cette culture, on *plante* des oliviers, des vignes.

→ On ne fait pas que cette culture, on fait des *plantations* d'oliviers, de vignes.

その作物栽培だけではありません、オリーブもブドウも植えます。

plier ⇨ *pliage*

Il est très habile à *plier* des avions en papier.

plonger

→ Il est très habile dans le *pliage* d'avions en papier.

彼は紙で飛行機を折るのが上手だ。

plonger ⇨ *plongeon*

Un autocar *a plongé* dans un ravin.

→ Un autocar a fait un *plongeon* dans un ravin.

観光バスが谷底にダイビングした。

polariser ⇨ *polarisation*

Le débat est tellement *polarisé* sur diverses autres questions qu'on a tendance à perdre cela de vue.

→ La *polarisation* du débat sur diverses autres questions est telle qu'on a tendance à perdre cela de vue.

議論が色々な他の問題にあまりに集中し過ぎて、その本題が見失われがちだ。

poli ⇨ *politesse*

Il est excessivement *poli*.

→ Il est d'une *politesse* excessive.

彼はばか丁寧だ。

polluer ⇨ *pollution*

L'environnement *a été* tellement *pollué* que les animaux n'ont plus d'espace viable pour se développer.

→ La *pollution* de l'environnement est telle que les animaux n'ont plus d'espace viable pour se développer.

環境があまりにも汚染されたので動物にはもう繁殖するために生きていけるスペースがない。

ponctuel ⇨ *ponctualité*

Il n'est pas *ponctuel* : il arrive toujours en retard.

→ Il manque de *ponctualité* : il arrive toujours en retard.

彼は時間を守らない。いつも遅れてやってくる。

pondre ⇨ *ponte*

C'est la saison où les tortues viennent *pondre*.

→ C'est la saison de la *ponte* pour les tortues.

今はカメの産卵期だ。

populaire ⇨ *popularité*

Ce chanteur est très *populaire* parmi les jeunes.

→Ce chanteur a une grande *popularité* [jouit d'une grande popularité] parmi les jeunes.

この歌手は若者の間でたいへん人気がある。

pourrir ⇨ *pourrissement*

Nous sommes profondément préoccupés par le fait que la situation *ait pourri* au Moyen-Orient.

→ Nous sommes profondément préoccupés par le *pourrissement* de la situation du Moyen-Orient.

われわれは中東情勢の深刻化を深く憂慮している。

poursuivre ⇨ *poursuite*

Nous souhaitions que la Corée du Nord accepte de *poursuivre* les négociations à six sur le programme nucléaire.

→ Nous souhaitions que la Corée du Nord accepte la *poursuite* des négociations à six sur le programme nucléaire.

われわれは核開発問題についての6カ国協議の続行を北朝鮮が受諾することを願っていた。

pousser ⇨ *poussée*

Le contact permanent est donné si l'on *pousse* le bouton bleu.

→ Le contact permanent est donné par une *poussée* sur le bouton bleu.

ブルーのボタンを押せば永久接続ができます。

pratiquer ⇨ *pratique*

Pour *pratiquer* le métier de professeur de langues étrangères, il faut une patience surhumaine.

→ La *pratique* du métier de professeur de langues étrangères demande une patience surhumaine.

外国語教師の職業を実践するには超人的な忍耐力が必要だ。

précipiter (se) ⇨ *précipitation*

Le gouvernement a procédé en *se précipitant* dans ce dossier.

→ Le gouvernement a procédé avec *précipitation* dans ce dossier.

政府はこの案件はあわてて処理した。

préciser ⇨ *précision*

N'oubliez pas de *préciser* votre adresse et éventuellement votre fax ou votre adresse électronique ainsi que le mode de paiement.

→ N'oubliez pas d'indiquer avec *précision* votre adresse et éventuellement votre fax ou votre adresse électronique ainsi que le mode de paiement.

あなたの住所、よろしければFAX番号かメールアドレス、そして支払い方法を明記することをお忘れなく。

précoce ⇨ *précocité*

Ces garçons sont surdoués ou exceptionnellement *précoces*.

→ Ces garçons sont surdoués ou d'une *précocité* exceptionnelle.

この男の子たちは知能指数が高く、並外れて早熟だ。

préférer ⇨ *préférence*

Jacqueline *préfère* le football et Paul l'opéra.

→ Jacqueline a une *préférence* pour le football et Paul pour l'opéra.

ジャクリーヌはどちらかというとサッカーが好きでポールはオペラだ。

prélever ⇨ *prélèvement*

　Il s'est fait *prélever* du sang.

→ Il a subi un *prélèvement* de sang.

　彼は採血された。

prendre ⇨ *prise*

　Ce manuel est destiné à expliquer comment *prendre* en charge des enfants dont l'état de santé requiert une hospitalisation.

→ Ce manuel est destiné à la *prise* en charge d'enfants dont l'état de santé requiert une hospitalisation.

　このマニュアルは健康状態が入院を必要としているこどもたちの面倒をみることを目指すものである。

préoccuper ⇨ *préoccupation*

　Ce qui nous *préoccupe* en premier lieu, c'est le bien-être de la région.

→ Notre première *préoccupation*, c'est le bien-être de la région.

　われわれの念頭を第一に占めていること、それはこの地方の福祉である。

préparer ⇨ *préparation*

　Préparer une thèse en science politique demande énormément d'efforts.

→ La *préparation* d'une thèse en science politique demande énormément d'efforts.

　政治学の論文を準備するのはたいへん努力を要することだ。

présent ⇨ *présence*

　Paris confirme que des OGM sont *présents* dans des semences de maïs.

→ Paris confirme la *présence* d'OGM dans des semences de maïs.

　フランス政府は遺伝子組換え作物がトウモロコシの種子の中にある

ことを確認している。

présenter ⇨ *présentation*

Nous sommes fiers de *présenter* une compagnie qui repousse les limites technologiques.

→ Nous sommes fiers de faire la *présentation* d'une compagnie qui repousse les limites technologiques.

技術の限界を押し広げる会社を紹介することを誇りに思います。

présider ⇨ *présidence*

Qui a accepté de *présider* le comité consultatif ?

→ Qui a accepté la *présidence* du comité consultatif ?

誰が諮問委員会の委員長になることを引き受けたのですか？

pressentir ⇨ *pressentiment*

J'ai *pressenti* ce qu'il allait se passer.

→ J'ai eu un *pressentiment* de ce qu'il allait se passer.

私はこれから起ころうとしていたことを予感した。

prétendre ⇨ *prétention*

Personne ne *prétend* détenir la vérité dans cette affaire.

→ Personne n'a la *prétention* de détenir la vérité dans cette affaire.

この事件に関して真実を握っていると言い切っている者は誰もいない。

prêter ⇨ *prêt*

La Banque mondiale *a prêté* 700 millions de US$ à ce pays.

→ La Banque mondiale a fait un *prêt* de 700 millions de US$ à ce pays.

世界銀行はその国に7億USドルの借款を供与した。

prévenir ⇨ *prévention*

Le gouvernement a promis de tout mettre en œuvre pour *prévenir* la délinquance juvénile.

→ Le gouvernement a promis de tout mettre en œuvre pour la *prévention* de la délinquance juvénile.

政府は青少年犯罪防止に全力を挙げると約束した。

prévoir ⇨ *prévision*

L'administration *avait prévu* avec exactitude la demande d'électricité.

→ La *prévision* de la demande d'électricité par l'administration était exacte.

行政は電力需要を正確に予測していた。

prier ⇨ *prière*

Vous *êtes priés* de ne pas fumer dans le hall de cet hôpital.

→ *Prière* de ne pas fumer dans le hall de cet hôpital.

当病院ロビーでの喫煙は御遠慮ください。

priver (se) ⇨ *privation*

A force de *se priver*, il est parvenu à s'acheter une maison assez grande pour y loger sa famille.

→ A force de *privations*, il est parvenu à s'acheter une maison assez grande pour y loger sa famille.

いろいろ切り詰めて、彼はようやく家族を住まわせられるだけの家を手に入れた。

probable ⇨ *probabilité*

Il est très *probable* qu'ils n'aient pas été infectés par le VIH.

→ Il y a une grande *probabilité* qu'ils n'aient pas été infectés par le VIH.

彼らがエイズに感染していない可能性も大いにある。

proche ⇨ *proximité*

Le paysage annonce que la mer est *proche*.

→ Le paysage annonce la *proximité* de la mer.

風景は海が近いことを示している。

progresser ⇨ *progression*

Les produits agroalimentaires *ont progressé* rapidement.

→ Les produits agroalimentaires ont connu une *progression* rapide.

農産物加工品が急速に伸びた。

projeter ⇨ *projection*

Le film japonais Zatoichi *a été projeté*, lundi soir.

→ La *projection* du film japonais Zatoichi a eu lieu, lundi soir.

日本映画「座頭市」が月曜日の夜上映された。

prolonger ⇨ *prolongation*

Elle a obtenu qu'on *prolonge* la durée de son visa de visiteuse.

→ Elle a obtenu une *prolongation* de la durée de son visa de visiteuse.

彼女は観光ビザの期間延長を認めさせることができた。

promettre ⇨ *promesse*

Il m'*a promis* de dire la vérité.

→ Il m'a fait la *promesse* de dire la vérité.

彼は私に本当のことを言うと約束した。

propager ⇨ *propagation*

Le Sras (le syndrome respiratoire aigu sévère) *s'est propagé* rapidement.

→ La *propagation* du Sras a été rapide.

サーズ（新型肺炎）の広がりは早かった。

propre ⇨ *propreté*

Les maires concernés par la possible arrivée de la marée noire sur leurs plages demandèrent à des huissiers de venir constater que leurs plages étaient *propres*.

→ Les maires concernés par la possible arrivée de la marée

noire sur leurs plages demandèrent à des huissiers de venir en constater la *propreté* de leurs plages.

汚染廃油が海岸に到達する恐れのある関係市町村長は裁判所の執行吏が海岸がきれいであることを確認しに来ることを要求した。

prospère ⇨ *prospérité*

La paix et la stabilité en Afghanistan étaient vitales pour que la région soit *prospère*.

→ La paix et la stabilité en Afghanistan étaient vitales pour la *prospérité* de la région.

アフガニスタンの平和と安定がこの地域の繁栄のためには不可欠であった。

protester ⇨ *protestation*

La Chine *a protesté* vivement contre le projet américain de quotas sur les textiles.

→ Le projet américain de quotas sur les textiles a provoqué une vive *protestation* de la part de la Chine.

繊維製品への輸入割当てについての米国案に中国は激しく抗議した。

provenir ⇨ *provenance*

Les importations chinoises *provenant* de France vont en augmentant.

→ Les importations chinoises en *provenance* de France vont en augmentant.

中国のフランス製品の輸入は増加しつつある。

prudent ⇨ *prudence*

Les vols sont très fréquents, généralement parce que les touristes ne sont pas *prudents*.

→ Les vols sont très fréquents, généralement par manque de *prudence* de la part des touristes.

publier

たいていは観光客の用心が足りないから窃盗がたいへん多いのである。

publier ⇨ *publication*

La loi interdit de *publier* des sondages d'opinion durant la semaine précédant le scrutin.

→ La loi interdit la *publication* de sondages d'opinion durant la semaine précédant le scrutin.

法律は投票日の前の一週間に世論調査を公表することを禁じている。

punir ⇨ *punition*

Ce genre d'assassin mérite d'*être puni* le plus sévèrement possible.

→ Ce genre d'assassin mérite la *punition* la plus sévère possible.

この種の殺人犯は可能な限り最も重い刑罰に値する。

pur ⇨ *pureté*

En Haute-Egypte, on peut admirer un ciel remarquablement bleu et *pur*.

→ En Haute-Egypte, on peut admirer un ciel d'un bleu et d'une *pureté* remarquables.

高エジプトでは空がすばらしく青く澄み切っている。

Q

qualifier ⇨ *qualification*

Il est parfaitement *qualifié* pour ce travail.

→ Il a des *qualifications* parfaites pour ce travail.

彼はこの仕事をする完全な資格がある。

quereller (se) ⇨ *querelle*

Les deux politiciens *se sont querellés* sur le partage du futur pouvoir.

→ Il y a eu une *querelle* entre les deux politiciens sur le partage du futur pouvoir.

二人の政治家は未来の政権の分割をめぐって言い争った。

R

racheter ⇨ *rachat*

Nintendo dément *avoir racheté* Bandai.

→ Nintendo dément le *rachat* de Bandai.

任天堂はバンダイを買収したことを否定している。

radoucir (se) ⇨ *radoucissement*

La météo annonce que la température va *se radoucir*.

→ La météo annonce un *radoucissement* de la température.

天気予報は気温がゆるむと報じている。

raffermir ⇨ *raffermissement*

Le succès aux dernières législatives *a raffermi* le gouvernement de coalition.

→ Le succès aux dernières législatives a eu pour résultat un *raffermissement* du gouvernement de coalition.

先の衆議院選挙の勝利で連合政権がさらに強固になった。

raffiné ⇨ *raffinement*

rafraîchir (se)

Ce produit parfume de façon *raffinée* toutes les pièces de la maison.

→ Ce produit parfume avec *raffinement* toutes les pièces de la maison.

この製品は家のすべての部屋を上品な香りで満たします。

rafraîchir (se) ⇨ *rafraîchissement*

La soirée arrive et la température *s'est rafraîchie*.

→ La soirée arrive, et avec elle un *rafraîchissement* de la température.

日が暮れるとともに涼しくなった。

rager ⇨ *rage*

La vue du sang suffit à le faire *rager*.

→ La vue du sang suffit à le mettre en *rage*.

血を見ただけで彼はカッとなる。

raide ⇨ *raideur*

Ce traitement est destiné à rendre l'os plus *raide*.

→ Ce traitement est destiné à augmenter la *raideur* de l'os.

この治療は骨の硬度を高くするためのものである。

raidir ⇨ *raidissement*

La proposition *a* soudainement *raidi* les syndicats.

→ La proposition a provoqué un *raidissement* soudain des syndicats.

その提案は組合側を突然硬化させた。

rajeunir ⇨ *rajeunissement*

Le clonage permettrait-il de *rajeunir* ?

→ Le clonage permettrait-il d'obtenir un *rajeunissement* ?

クローン技術で若返りできるのだろうか？

ralentir ⇨ *ralentissement*

Ce pays a vu la croissance de son emploi *ralentir* nettement en 2002.

→ Ce pays a connu un net *ralentissement* de la croissance de l'emploi en 2002.

この国の雇用の成長は 2002 年にはっきり鈍化した。

ramasser ⇨ *ramassage*

On *ramasse* les ordures ménagères deux fois par semaine.

→ Le *ramassage* des ordures ménagères est effectué deux fois par semaine.

家庭ゴミの収集は週 2 回ある。

ramollir ⇨ *ramollissement*

Cette enzyme *ramollit* la tomate.

→ Cette enzyme provoque le *ramollissement* de la tomate.

この酵素はトマトを柔らかくする働きがある。

ranger ⇨ *rangement*

Son rôle consiste à *ranger* à l'interieur des réfrigérateurs au supermarché.

→ Son rôle est de faire des *rangements* à l'interieur des réfrigérateurs au supermarché.

彼の役目はスーパーで冷蔵庫の中の整理をすることだ。

rapatrier ⇨ *rapatriement*

L'Italie attendait que *soient rapatriées* les dépouilles mortelles des Italiens tués dans l'attentat de mercredi à Nassiriyah en Irak.

→ L'Italie attendait le *rapatriement* des dépouilles mortelles des Italiens tués dans l'attentat de mercredi à Nassiriyah en Irak.

イタリアはイラクのナシリーヤで水曜日のテロで殺されたイタリア兵の遺骸が帰国するのを待っていた。

rapetisser ⇨ *rapetissement*

Le fait que l'État *se rapetisse* est à l'ordre du jour.

→ Le *rapetissement* de l'État est à l'ordre du jour.

国家機能の縮小が議題にのぼっている。

rapidement ⇨ *rapidité*

Adressez-nous votre candidature ; nous l'étudierons *rapidement* et discrètement.

→ Adressez-nous votre candidature ; nous l'étudierons avec *rapidité* et discrétion.

あなたの応募届けを送ってください。われわれはそれを速やかに且つ極秘裡に検討します。

rappeler ⇨ *rappel*

J'attendais qu'elle me *rappelle* immédiatement.

→ J'attendais un *rappel* immédiat de sa part.

私は彼女からの折り返しの電話を待っていた。

rapporter ⇨ *rapport*

Il possédait des terres qui *rapportaient* beaucoup.

→ Il possédait des terres d'un grand *rapport*.

彼は収穫の豊かな土地を所有していた。

rapprocher ⇨ *rapprochement*

Que ces deux pays, ennemis mortels, *se soient rapprochés*, étonne le monde entier.

→ Le *rapprochement* de ces deux pays, ennemis mortels, étonne le monde entier.

宿敵同士の両国が接近したことは世界中を驚かせている。

rare ⇨ *rareté*

C'est parce qu'elle est *rare* et chère (de 300 à 600 € le kilo), qu'on surnomme la truffe "le diamant noir".

→En raison de sa *rareté* et de sa cherté (de 300 à 600 € le kilo), on surnomme la truffe "le diamant noir".

トリュフは、珍しく高価（1キロ 300-600 ユーロ）であるため、「黒

いダイヤモンド」の異名を奉られている。

rassembler ⇨ *rassemblement*

Des agriculteurs *se sont rassemblés* devant la mairie.

→ Il y a eu un *rassemblement* d'agriculteurs devant la mairie.

村役場の前で農業従事者の集会があった。

rattraper ⇨ *rattrapage*

Si vous faites trop cuire la sauce, elle va tourner et vous ne pouvez plus la *rattraper*.

→ Si vous faites trop cuire la sauce, elle va tourner et il n'y a plus de *rattrapage* possible.

ソースを煮詰め過ぎると、変質して、取りかえしがきかなくなる。

ravager ⇨ *ravage*

L'inondation *a* beaucoup *ravagé* la région.

→ La région a subi beaucoup de *ravages* à cause de l'inondation.

この地方は洪水で大きな被害を受けた。

réagir ⇨ *réaction*

La communauté musulmane *a réagi* violemment face à la décision du Président.

→ La décision du Président a provoqué une violente *réaction* dans la communauté musulmane.

イスラム教徒社会は大統領の決定に対して激しく反発した。

réapparaître ⇨ *réapparition*

Tout le monde craint que la pneumonie atypique ne *réapparaisse*.

→ Tout le monde craint une *réapparition* de la pneumonie atypique.

みんな新型肺炎の再発を恐れている。

rebondir ⇨ *rebondissement*

L'affaire Michael Jackson *a rebondi* de façon spectaculaire.

recevoir

→ L'affaire Michael Jackson a connu un *rebondissement* spectaculaire.

マイケル・ジャクソン事件は新たに派手な展開を見せた。

recevoir ⇨ *réception*

Votre inscription sera définitive dès que nous *aurons reçu* une lettre de confirmation.

→ Votre inscription sera définitive dès la *réception* d'une lettre de confirmation.

確認の書簡を受取り次第貴下の登録は決定されます。

réchauffer ⇨ *réchauffement*

La Terre *se réchauffe* à cause de l'augmentation des gaz à effet de serre.

→ Le *réchauffement* de la Terre est causé par l'augmentation des gaz à effet de serre.

地球の温暖化は温室効果ガスの増加によって引き起こされる。

réciproque ⇨ *réciprocité*

Que l'amour soit *réciproque*, cela n'est concevable que dans la liberté de la réponse espérée.

→ La *réciprocité* de l'amour n'est concevable que dans la liberté de la réponse espérée.

愛が相互的なものであるということは、待ち望んだ答えが自由である場合にしか考えられない。

récolter ⇨ *récolte*

On *récolte* le maïs vers la fin de septembre.

→ On fait la *récolte* du maïs vers la fin de septembre.

トウモロコシは9月末に収穫される。

recommander ⇨ *recommandation*

Souvenez-vous de ce que je vous *ai recommandé*.

→ Souvenez-vous de ma *recommandation*.

私がお勧めしたことを思い出してください。

récompenser ⇨ *récompense*

Comment le Premier ministre l'*a-t-il récompensé* ?

→ Quelle est la *récompense* qu'il a reçue du Premier ministre ?

首相は彼にどんな報賞を与えましたか？

réconcilier ⇨ *réconciliation*

Nous voulons travailler à les *réconcilier*.

→ Nous voulons travailler à leur *réconciliation*.

われわれは彼らの和解のために一肌脱ごうと思う。

reconduire ⇨ *reconduction*

Le gouvernement a décidé de les *reconduire* à la frontière.

→ Le gouvernement a décidé leur *reconduction* à la frontière.

政府は彼らを国外退去させることを決定した。

reconstituer ⇨ *reconstitution*

L'émission *a reconstitué* fidèlement le crime.

→ L'émission a fait une *reconstitution* fidèle du crime.

放送はその犯罪を忠実に再現してみせた。

recouper (se) ⇨ *recoupement*

Ces deux témoignages *se recoupent* parfaitement.

→ Il y a un *recoupement* parfait entre ces deux témoignages.

この二つの証言は完全に符合する。

recourir ⇨ *recours*

Le Sénat a autorisé Bush à *recourir* à la force contre l'Irak.

→ Le Sénat a autorisé Bush à avoir *recours* à la force contre l'Irak.

上院はブッシュがイラクに対して武力を行使することを許可した。

recruter ⇨ *recrutement*

Il n'est pas facile de *recruter* des infirmières et des infirmiers pour les milieux ruraux et éloignés.

→ Le *recrutement* des infirmières et des infirmiers pour les milieux ruraux et éloignés n'est pas facile.

農村や遠隔地で勤務する看護師の募集は容易ではない。

rectifier ⇨ ***rectification***

On *a rectifié* le prototype.

→ On a fait la *rectification* du prototype.

試作品の修正が行なわれた。

récupérer ⇨ ***récupération***

La cabine Apollo *a été récupérée* rapidement.

→ La *récupération* de la cabine Apollo a eu lieu rapidement.

アポロ宇宙船の回収はすみやかに行なわれた。

recycler ⇨ ***recyclage***

Comment le papier *est*-il *recyclé* ?

→ Comment se fait le *recyclage* du papier ?

古紙はどのようにしてリサイクルされるのか？

rédiger ⇨ ***rédaction***

On lui a confié le soin de *rédiger* le rapport.

→ On lui a confié la *rédaction* du rapport. / La rédaction du rapport lui a été confiée.

彼は報告書の執筆を任された。

redresser ⇨ ***redressement***

Nous travaillons à *redresser* l'emploi.

→ Nous travaillons à un *redressement* de l'emploi.

われわれは雇用の回復に専念している。

réduire ⇨ ***réduction***

Le syndicat ouvrier a demandé que l'on *réduise* le temps de travail à 36 heures.

→ Le syndicat ouvrier a demandé une *réduction* du temps de travail à 36 heures.

労働組合は労働時間を 36 時間に短縮することを要求した。

refaire ⇨ *réfection*

Refaire la route nécessitera de nombreuses expropriations.

→ La *réfection* de la route nécessitera de nombreuses expropriations.

道路の改修は多くの土地収用を必要とするだろう。

référer (se) ⇨ *référence*

Sur ce point, le psychanalyste *se réfère* à un ouvrage de Freud.

→ Sur ce point, le psychanalyste fait *référence* à un ouvrage de Freud.

この点について、この精神分析学者はフロイトのある著作に言及している。

réfléchir ⇨ *réflexion*

A force de *réfléchir* sur la transmission de l'énergie et de l'information, on finit par inventer le laser ou l'internet.

→ A force de *réflexion* sur la transmission de l'énergie et de l'information, on finit par inventer le laser ou l'internet.

エネルギーと情報の伝達について考え抜いたあげく、遂にわれわれはレーザーやインターネットの発明に至ったのだ。

refléter ⇨ *reflet*

La société d'aujourd'hui *reflète* les étudiants d'hier.

→ La société d'aujourd'hui est le *reflet* des étudiants d'hier.

今日の社会は昨日の学生の反映である。

réformer ⇨ *réforme*

Le gouvernement a pour objectif de *réformer* l'administration. →

Le gouvernement a pour objectif la *réforme* de l'administration.

政府は行政改革を目標としている。

refroidir (se) ⇨ *refroidissement*

Les relations entre les deux pays *se sont refroidies* temporairement.

→ Les relations entre les deux pays ont connu un *refroidissement* temporaire.

両国の関係は一時的に冷却した。

réfugier (se) ⇨ *refuge*

Quelques transfuges nord-coréens *se sont réfugiés* dans l'ambassade du Japon.

→ Quelques transfuges nord-coréens ont cherché *refuge* dans l'ambassade du Japon.

何人かの脱北者が日本大使館に駆け込んだ。

refuser ⇨ *refus*

La personne qui m'a accueilli *a refusé* catégoriquement ma demande.

→ La personne qui m'a accueilli a opposé un *refus* catégorique à ma demande.

私に応対した人は私の申請をにべもなく拒否した。

regarder ⇨ *regard*

Il y avait quelques "gays" qui m'*avaient regardé* curieusement à mon arrivée.

→ Il y avait quelques "gays" qui m'avaient jeté un *regard* curieux à mon arrivée.

私が現われたとき私に好奇の目を向けたゲイが何人かいた。

réglementer ⇨ *réglementation*

Lorsqu'on *réglemente* les prix, on tend à susciter l'apparition d'un marché noir.

→ Lorsqu'il y a *réglementation* des prix, on tend à susciter l'apparition d'un marché noir.

物価の規制があるときは、闇市が生まれやすい。

régler ⇨ *règlement*

Depuis plus de 50 ans, la communauté internationale s'emploie à *régler* la question de la Palestine.

→ Depuis plus de 50 ans, la communauté internationale s'emploie au *règlement* de la question de la Palestine.

50年以上前から国際社会はパレスチナ問題の解決に取り組んでいる。

régner ⇨ *règne*

Saddam Hussein *a régné* pendant une trentaine d'années.

→ Le *règne* de Saddam Hussein a duré pendant une trentaine d'années.

サダムフセインは約30年間君臨した。

régresser ⇨ *régression*

Le chômage *régresse* au prix d'une progression des inégalités.

→ Le chômage est en *régression* au prix d'une progression des inégalités.

不平等の増加と引替えに失業が減りつつある。

regretter ⇨ *regret*

Je *regrette* de vous dire que votre œuvre n'a pas été sauvée.

→ J'ai le *regret* de vous dire que votre œuvre n'a pas été sauvée.

まことに申し上げにくいことですが、あなたの作品は救い出すことができませんでした。

régulier ⇨ *régularité*

Ces immigrés sont en situation *régulière*, c'est prouvé.

→ La *régularité* de la situation de ces immigrés est prouvée.

régulariser

この移民の人達が合法的に滞在していることは証明されている。

régulariser ⇨ *régularisation*

On parle de *régulariser* la situation de ces travailleurs étrangers.

→ On parle de la *régularisation* de la situation de ces travailleurs étrangers.

この外国人労働者の人々の滞在を合法化することが話題になっている。

rejeter ⇨ *rejet*

Le Parlement *a rejeté* ce projet de loi, cela était prévu.

→ Le *rejet* par le Parlement de ce projet de loi était prévu.

国会がこの法案を否決することは予想されていた。

relâcher ⇨ *relâchement*

Depuis quelque temps, la discipline *se relâche* dans cette entreprise.

→ Depuis quelque temps, on constate un *relâchement* de la discipline dans cette entreprise.

しばらく前から、この企業では規律の緩みがみられる。

relaxer (se) ⇨ *relaxation*

Toutefois, veillez à ne pas abuser de vos aptitudes mentales, il faut *vous relaxer* pendant quelques moments pour libérer votre esprit.

→ Toutefois, veillez à ne pas abuser de vos aptitudes mentales, il faut prendre quelques moments de *relaxation* pour libérer votre esprit.

でも、あなたの精神能力を酷使しないように気をつけてください。あなたの精神を解放するためには暫時リラックスする必要があります。

relayer ⇨ *relais*

remettre

L'UA a demandé à l'ONU de *relayer* sa Mission de paix au Burundi.

→ L'UA a demandé à l'ONU de prendre le *relais* de sa Mission de paix au Burundi.

アフリカ連合は国連にブルンディでの和平工作の使命を引き継いでくれるよう要求した。

remanier ⇨ *remaniement*

Le premier ministre a annoncé qu'il allait *remanier* le Cabinet.

→ Le premier ministre a annoncé un *remaniement* du Cabinet.

首相は内閣を改造すると発表した。

remarquer ⇨ *remarque*

Il a fait *remarquer* un manque de respect chez elle.

→ Il a fait la *remarque* d'un manque de respect chez elle.

彼は彼女の側に尊敬の念が欠如していることを指摘した。

rembourser ⇨ *remboursement*

Quelles démarches suivre pour se faire *rembourser* les frais vétérinaires ?

→ Quelles démarches suivre pour obtenir le *remboursement* des frais vétérinaires ?

獣医にかかった費用の払い戻しを受けるにはどんな手続きを取ればよいか？

remettre ⇨ *remise*

Quelle procédure suivre pour obtenir de *remettre* l'immeuble sinistré en l'état ?

→ Quelle procédure suivre pour obtenir la *remise* en état de l'immeuble sinistré ?

被災したビルを原状回復させるためにはどんな手続きを取ればよいか？

remonter ⇨ *remontée*

Nous *avons remonté* le fleuve Tone.

→ Nous avons effectué la *remontée* du fleuve Tone.

われわれは利根川を遡った。

remplacer ⇨ *remplacement*

A *a remplacé* B.

→ A a assuré le *remplacement* de B.

AがBと交替した。

rémunérer ⇨ *rémunération*

Il *a été rémunéré* largement pour cette mission.

→ Il a reçu une importante *rémunération* pour cette mission.

彼はその任務で多額の報酬を得た。

renforcer ⇨ *renforcement*

Ces nouveaux gardes-côtes permettront de *renforcer* la sécurité maritime.

→ Ces nouveaux gardes-côtes permettront un *renforcement* de la sécurité maritime.

これらの新しい沿岸警備艇は海上安全の強化につながるだろう。

renoncer ⇨ *renonciation*（一般的な「放棄」）

L'Unesco reconnaît *renoncer* à l'idée d'un texte contraignant sur la bioéthique.

→ L'Unesco reconnaît sa *renonciation* à l'idée d'un texte contraignant sur la bioéthique.

ユネスコは生命倫理に関して強制力のある法文化を行なう考えを放棄すると認めている。

renoncer ⇨ *renoncement*（現世の幸福の「放棄」）

La doctrine bouddhique recommande de *renoncer* aux désirs et aux possessions de ce monde.

→ La doctrine bouddhique recommande le *renoncement* aux désirs et aux possessions de ce monde.

仏教の教義は現世の欲望と所有物を放棄することをすすめている。

renouveler ⇨ *renouvellement*

La forêt permet de *renouveler* l'air à l'échelle locale.

→ La forêt permet le *renouvellement* de l'air à l'échelle locale.

森は地域レベルで空気の浄化をしてくれる。

rénover ⇨ *rénovation*

Il a entrepris de *rénover* le restaurant en modernisant les locaux et les installations.

→ Il a entrepris la *rénovation* du restaurant en modernisant les locaux et les installations.

彼は店舗と設備を近代化することでレストランの改装をはかった。

renseigner (se) ⇨ *renseignement*

Pour *se renseigner* plus amplement à ce sujet, il suffit de contacter la mairie.

→ Pour avoir des *renseignements* plus amples [Pour plus amples renseignements] à ce sujet, il suffit de contacter la mairie.

そのことでもっと詳しいことを知りたければ、市役所に連絡するだけで済む。

rentrer ⇨ *rentrée*

Après une mission spatiale, les astronautes allaient *rentrer* sur la Terre.

→ Après une mission spatiale, les astronautes allaient effectuer une *rentrée* sur la Terre.

宇宙空間での任務を終えて、宇宙飛行士たちは地球に帰還しようとしていた。

renvoyer ⇨ *renvoi*

On a décidé de *renvoyer* le débat à plus tard.

→ On a décidé le *renvoi* à plus tard du débat.

réparer

討論は後日に延期されることが決まった。

réparer ⇨ *réparation*

Réparer ces erreurs de codage nécessite des connaissances spécifiques.

→ Faire la *réparation* de ces erreurs de codage nécessite des connaissances spécifiques.

これらの暗号の誤りを直すには特殊な知識が必要である。

répartir (se) ⇨ *répartition*

Analyser comment *se répartissent* les richesses au Japon est très intéressant.

→ L'analyse de la *répartition* des richesses au Japon est très intéressante.

日本における富の分配を分析することはたいへん興味深い。

repasser ⇨ *repassage*

La maison peut blanchir et *repasser* le linge régulièrement.

→ La maison peut assurer le blanchissage et le *repassage* du linge régulièrement.

この店は定期的に肌着類の洗濯とアイロン掛けをしてくれる。

répercuter (se) ⇨ *répercussion*

Le renchérissement de l'énergie pourrait *se répercuter* sur les prix d'autres biens et services.

→ Le renchérissement de l'énergie pourrait avoir des *répercussions* sur les prix d'autres biens et services.

エネルギーの値上がりは他の品物やサービスの価格にも影響を及ぼすかもしれない。

repérer ⇨ *repérage*

Cet instrument pourrait permettre de *repérer* les véhicules fonctionnant au GPL.

→ Cet instrument pourrait permettre le *repérage* des véhicules fonctionnant au GPL.

この機器で液化石油ガスで動いている乗物の位置の探知が可能になるかもしれない。

répéter ⇨ *répétition*

À force de *répéter*, on commence à voir de plus en plus clair.

→ À force de *répétition*, on commence à voir de plus en plus clair.

反復繰り返すことで、ますますはっきり見えるようになる。

replier (se) ⇨ *repli*

L'épidémie commence à *se replier* dans notre région.

→ L'épidémie amorce un *repli* dans notre région.

伝染病はこの地方では後退し始めた。

répondre ⇨ *réponse*

Il m'*a répondu* négativement.

→ Il m'a fait une *réponse* négative.

彼は私に否定的な答えをした。

reposer (se) ⇨ *repos*

J'ai besoin de *me reposer* un peu.

→ J'ai besoin d'un peu de *repos*.

私はすこし休息が必要です。

reprendre ⇨ *reprise*

L'économie *reprendra* probablement vers la fin de l'année.

→ Une *reprise* économique aura lieu probablement vers la fin de l'année.

経済はきっと年末には持ち直すだろう。

réprimer ⇨ *répression*

Les premières révoltes des esclaves *furent* sévèrement *réprimées*.

→ Les premières révoltes des esclaves subirent une *répression* sévère.

最初の奴隷の反乱は厳しく鎮圧された。

reprocher ⇨ *reproche*

On ne peut rien *reprocher à* l'interprétation en soi, mais la voix ne fait plus vibrer l'auditeur.

→ L'interprétation en soi ne mérite aucun *reproche*, mais la voix ne fait plus vibrer l'auditeur.

演奏それ自体には何の難点もないが、その声はもう聴衆を感動で震えさせることはない。

réprouver ⇨ *réprobation*

Sa déclaration *a été réprouvée* par tous les antiracistes.

→ Sa déclaration a fait l'objet d'une *réprobation* de tous les antiracistes.

彼の言明はすべての人種差別反対論者の非難を浴びた。

répugner ⇨ *répugnance*

L'idée même d'une chimère *répugne* à la plupart du monde. Il s'agit d'un croisement entre un humain et un animal.

→ La plupart du monde a de la *répugnance* pour l'idée même d'une chimère. Il s'agit d'un croisement entre un humain et un animal.

キマイラという観念それ自体を大半の人は忌み嫌う。人と動物との交配だからというわけだ。

réputé ⇨ *réputation*

Cette classification *est réputée* pour sa rigueur.

→ Cette classification a la *réputation* d'être rigoureuse.

この分類法はその厳密さで有名だ。

réserver ⇨ *réservation*

Nous *avons réservé* les billets d'avion.

→ Nous avons fait la *réservation* des billets d'avion.

われわれは航空券の予約をした。

résigner (se) ⇨ *résignation*

Nous avons accepté cette proposition *en nous résignant*.

→ Nous avons accepté cette proposition avec *résignation*.

われわれはあきらめてその提案を受け入れた。

résistant ⇨ *résistance*

Aujourd'hui, l'agent du paludisme est devenu *résistant* à ce médicament dans la quasi-totalité des pays.

→ Aujourd'hui, l'agent du paludisme a acquis de la *résistance* à ce médicament dans la quasi-totalité des pays.

今日、マラリアの病原体は全世界のほとんどの国でこの薬への耐性を持つようになった。

résoudre ⇨ *résolution*

Résoudre cette question requiert beaucoup d'efforts.

→ La *résolution* de cette question requiert beaucoup d'efforts.

この問題を解決するには多大の努力を要する。

respecter ⇨ *respect*

Les Etats-Unis *respectent* l'Islam.

→ Les Etats-Unis ont du *respect* pour l'Islam.

米国はイスラム世界に対して尊敬の念を持っている。

responsable ⇨ *responsabilité*

Il est *responsable* de la stratégie commerciale.

→ Il a la *responsabilité* de la stratégie commerciale.

彼が商業戦略の責任を負っている。

ressembler ⇨ *ressemblance*

Selon certains, le comportement des Américains d'aujourd'hui et celui des Nazis d'hier *se ressemblent* beaucoup.

resserrer (se)

→ Selon certains, il existe une grande *ressemblance* entre le comportement des Américains d'aujourd'hui et celui des Nazis d'hier.

今日のアメリカ人の行動と昨日のナチスの行動とは酷似している、と見る人々もいる。

resserrer (se) ⇨ *resserrement*

Nous souhaitons que les relations d'amitié *se resserrent* entre nos deux pays.

→ Nous souhaitons le *resserrement* des relations d'amitié entre nos deux pays.

われわれは両国の友好関係が増々緊密になることを願います。

restituer ⇨ *restitution*

Les îles Okinawa *ont été restituées* au Japon en 1972.

→ La *restitution* au Japon des îles Okinawa a eu lieu en 1972.

沖縄は1972年に日本に返還された。

restreindre ⇨ *restriction*

Il est nécessaire de *restreindre* la teneur en acides gras saturés et en cholestérol.

→ Une *restriction* de la teneur en acides gras saturés et en cholestérol est nécessaire.

飽和脂肪酸とコレステロールの含有量を制限することが必要だ。

résulter ⇨ *résultat*

Que *résulte*-t-il de cette nouvelle perspective ?

→ Quel est le *résultat* de cette nouvelle perspective ?

この新しい展望から何が生まれるか？

résumer ⇨ *résumé*

Avant tout permettez-moi de *résumer* tout ce qui vient de se passer.

→ Avant tout permettez-moi de faire le *résumé* de tout ce qui vient de se passer.

何よりもまず、今起こったばかりのことの概略を説明させていただきます。

rétablir ⇨ *rétablissement*

La Chine et le Liberia ont annoncé *avoir rétabli* les relations diplomatiques entre les deux pays.

→ La Chine et le Liberia ont annoncé le *rétablissement* des relations diplomatiques entre les deux pays.

中国とリベリアは両国の外交関係を修復した旨発表した。

retenir ⇨ *retenue*

On *a retenu* 10 % d'impôt sur le montant.

→ Il a été opéré une *retenue* de 10 % d'impôt sur le montant.

その金額から10%の税金ぶんが天引きされた。

réticent ⇨ *réticence*

Il est facile de comprendre que le gouvernement soit *réticent* à injecter des fonds publics dans des banques.

→ Il est facile de comprendre la *réticence* du gouvernement à injecter des fonds publics dans des banques.

政府が銀行に公的資金を注入することをためらうのは容易に理解できる。

retirer ⇨ *retrait*

On s'attendait que ce promoteur se voie *retirer* son permis de construire.

→ On s'attendait au *retrait* du permis de construire à ce promoteur.

この住宅デベロッパーが建設許可を取り消されることは予想されていた。

retourner (se) ⇨ *retournement*

Depuis 2001, le secteur des télécommunications *s'est* brutale-

rétrécir (se)

ment *retourné*.

→ Depuis 2001, le secteur des télécommunications a connu un *retournement* brutal.

2001年以来、電気通信部門が激変した。

rétrécir (se) ⇨ *rétrécissement*

Il souffre parce que son urètre *se rétrécit*.

→ Il souffre d'un *rétrécissement* de l'urètre.

彼は尿道狭窄で苦しんでいる。

réunir (se) ⇨ *réunion*

Plus d'une cinquantaine de membres de moins de 45 ans *se réunissent* tous les mois.

→ Plus d'une cinquantaine de membres de moins de 45 ans font une *réunion* tous les mois.

45歳未満の50人以上の会員が毎月会合を開いている。

réussir ⇨ *réussite*

Le lancement de la fusée *a été réussi*.

→ Le lancement de la fusée a été une *réussite*.

ロケット打ち上げは成功だった。

revendiquer ⇨ *revendication*

La CGT chômeurs *revendique* une prime de Noël de 500 euros pour les demandeurs d'emplois.

→ La *revendication* de la CGT chômeurs porte sur une prime de Noël de 500 euros pour les demandeurs d'emplois.

失業者CGTは求職者のためのクリスマス手当500ユーロを要求している。

Al Qaïda *a revendiqué* l'attentat.

→ La *revendication* de l'attentat a été faite par Al Qaïda.

アルカイダがテロの犯行声明を出した。

réviser ⇨ *révision*

Le PIB américain au 3ème trimestre *sera révisée* à la hausse.
→ On annonce une *révision* à la hausse du PIB américain au 3ème trimestre.
第3四半期の米国の国内総生産は上方修正されるだろう。

révolter ⇨ *révolte*

Certains s'attendaient à ce que les GI's en Irak *se révoltent*.
→ Certains s'attendaient à une *révolte* des GI's en Irak.
イラクの米兵が反乱を起こすと予想する向きもあった。

Je *suis révolté* par un tel acte odieux et inacceptable.
→ J'éprouve un sentiment de *révolte* devant un tel acte odieux et inacceptable
こんなおぞましく許しがたい行為には反吐をもよおす。

riche ⇨ *richesse*

Il est bien connu que ce légume est *riche* en minéraux.
→ Ce légume est bien connu pour sa *richesse* en minéraux.
この野菜はミネラルが豊富に含まれているので有名だ。

rigide ⇨ *rigidité*

Le mécanisme de prise de décision au sein de l'exécutif est trop *rigide*.
→ Le mécanisme de prise de décision au sein de l'exécutif est d'une trop grande *rigidité*.
行政府内部の意志決定メカニズムが硬直し過ぎている。

rigoureux, euse ⇨ *rigueur*

La commission s'est montrée trop *rigoureuse* dans l'examen de la recevabilité.
→ La commission a fait preuve d'une trop grande *rigueur* dans l'examen de la recevabilité.
委員会は受理可能性審査においてあまりに厳格だった。

rincer ⇨ *rinçage*

Veillez à *rincer* abondamment à l'eau tiède.

→ Veillez à effectuer un *rinçage* abondant à l'eau tiède.

ぬるま湯でたっぷり洗うよう気をつけなさい。

robuste ⇨ *robustesse*

Cet alliage au nickel-fer-chrome est très *robuste*.

→ Cet alliage au nickel-fer-chrome est d'une grande *robustesse*.

このニッケル・鉄・クロームの合金はすごく頑丈だ。

rompre ⇨ *rupture*

Ils *ont* définitivement *rompu* avec le passé.

→ Ils ont opéré une *rupture* définitive avec le passé.

彼らは過去と決定的に決別した。

rude ⇨ *rudesse*

Le climat auvergnat se distingue parce qu'il est *rude* et froid.

→ Le climat auvergnat se distingue par sa *rudesse* et sa froideur.

オーヴェルニュ地方の気候は厳しく且つ寒いことで際立っている。

ruer (se) ⇨ *ruée*

Chaque année, en cette période, les gens *se ruent* vers la consommation.

→ Chaque année, en cette période, c'est la *ruée* vers la consommation.

毎年この時期になると消費ブームが起きる。

S

saboter ⇨ *sabotage*

Ils ont été arrêtés pour *avoir saboté* la production.

→ Ils ont été arrêtés pour *sabotage* de la production.

彼らは生産妨害のかどで逮捕された。

sacrifier ⇨ *sacrifice*

La conscience humaine peut-elle accepter de *sacrifier* une partie de la population pour les profits de certaines entreprises ?

→ La conscience humaine peut-elle accepter de faire le *sacrifice* d'une partie de la population pour les profits de certaines entreprises ?

人間の良心として、一握りの企業の利益のために住民の一部を犠牲にすることを受け入れることが出来ようか？

sage ⇨ *sagesse*

Rétrospectivement, il faut reconnaître que sa décision était *sage*.

→ Rétrospectivement, il faut reconnaître la *sagesse* de sa décision.

振り返って考えると、彼の決断は賢明であったと認めなければならない。

saisir ⇨ *saisie*

On *a saisi* des cigarettes de contrebande.

→ Il a été procédé à la *saisie* de cigarettes de contrebande.

密輸タバコが押収された。

sale ⇨ *saleté*

Comment donc se plaindre que le monde soit *sale* tout en acceptant d'en bouffer sa part au râtelier ?

→ Comment donc se plaindre de la *saleté* du monde tout en acceptant d'en bouffer sa part au râtelier ?

人並みにうまい汁を吸っていながら、どうして世の中が汚いなんて苦情が言えるんだ？

saluer ⇨ *salut*

Nous *nous sommes salués*.

→ Nous avons échangé un *salut*.

私たちは挨拶を交わした。

sanctionner ⇨ *sanction*

L'Irak *a été sanctionné* par la société internationale.

→ La société internationale a infligé une *sanction* à l'Irak.

国際社会はイラクに制裁を科した。

sauvage ⇨ *sauvagerie*

Les touristes se plaignent souvent que la police de ce pays soit *sauvage*.

→ Les touristes se plaignent souvent de la *sauvagerie* de la police de ce pays.

観光客はこの国の警察は乱暴だとよく苦情を言う。

sauver ⇨ *sauvetage*

Le clonage permettrait-il de *sauver* les animaux menacés de disparition ?

→ Le clonage permettrait-il le *sauvetage* des animaux menacés de disparition ?

クローン技術で絶滅危惧種に指定されている動物を救うことができるであろうか？

scandaleux, euse ⇨ *scandale*

La gestion des risques dans ce pays est *scandaleuse*.
→ La gestion des risques dans ce pays est un *scandale*.
この国の危機管理はひどいものだ。

sec, sèche ⇨ *sécheresse*

Un certain nombre de cultures ont gravement souffert du temps *sec*.
→ Un certain nombre de cultures ont gravement souffert de la *sécheresse*.
かなりの農作物が旱魃で深刻な被害を受けた。

sécher ⇨ *séchage*

On *sèche* les algues sur la plage de sable.
→ Le *séchage* des algues se fait sur la plage de sable.
昆布の乾燥は砂浜で行なう。

sensibiliser ⇨ *sensibilisation*

La population *est* très *sensibilisée* à la gestion des ressources et des déchets.
→ La *sensibilisation* de la population à la gestion des ressources et des déchets est très grande.
資源や廃棄物の問題への住民の関心はひじょうに高い。

sensuel, elle ⇨ *sensualité*

L'argile est une matière très *sensuelle*.
→ L'argile est une matière d'une grande *sensualité*.
粘土はとても肉感的な材料だ。

séparer ⇨ *séparation*

Savez-vous que ce couple *s'est séparé* ?
→ Êtes-vous au courant de la *séparation* de ce couple ?
この夫婦が分かれたことをご存じですか？

sérieux, euse ⇨ *sérieux*

La Chine a traité d'une manière *sérieuse* l'enlèvement d'une femme japonaise.

→ La Chine a traité avec *sérieux* l'enlèvement d'une femme japonaise.

中国は一人の日本人女性の拉致問題を真剣に取扱った。

servir ⇨ *service*

Cela *a servi* de nombreux élèves.

→ Cela a rendu *service* à de nombreux élèves.

それは多くの生徒の役に立った。

sévère ⇨ *sévérité*

Le Parlement européen s'est montré très *sévère* à l'égard de la Commission.

→ Le Parlement européen a fait preuve d'une grande *sévérité* à l'égard de la Commission.

欧州議会は同委員会に対してきわめて厳しい態度をとった。

signifier ⇨ *signification*

Que *signifie* la croix ?

→ Quelle est la *signification* de la croix ?

十字架は何を意味するか？

simple ⇨ *simplicité*

Le montage est très *simple*.

→ Le montage est d'une grande *simplicité*.

組み立て方はごく簡単です。

sincère ⇨ *sincérité*

Le témoignage était *sincère* de façon bouleversante.

→ Le témoignage était d'une *sincérité* bouleversante.

証言は衝撃的なほど誠実であった。

sobre ⇨ *sobriété*

Il est sage d'être *sobre* et abstinent.

→ Il est sage d'observer la *sobriété* et l'abstinence.

節酒、節制を守るのは賢明なことである。

soigner ⇨ *soin*

Soignez-vous bien !

→ Prenez bien *soin* de vous !

体をお大事に。

solennellement ⇨ *solennité*

Je déclare *solennellement* ne jamais avoir entendu de telle musique.

→ Je déclare avec *solennité* ne jamais avoir entendu de telle musique.

このような音楽はかつて聴いたことがないと神かけて申し上げる。

solidaire ⇨ *solidarité*

Les femmes sont *solidaires* entre elles.

→ Il existe une *solidarité* entre femmes.

女性同士の連帯というものがある。

solide ⇨ *solidité*

Nous nous félicitons que les liens amicaux entre nos deux pays soient *solides*.

→ Nous nous félicitons de la *solidité* des liens amicaux entre nos deux pays.

われわれ両国間の友情の絆の固さを喜ばしく思います。

solitaire ⇨ *solitude*

Nous entretenons depuis trois ans ces idéaux malgré que nous soyons *solitaires*.

→ Nous entretenons depuis trois ans ces idéaux malgré notre *solitude*.

孤立を恐れずわれわれはこの3年間これらの理想を維持している。

solliciter ⇨ *sollicitation*

Nous *avons* souvent *été sollicités* par téléphone.

somnoler

→ Les *sollicitations* par téléphone ont été nombreuses.

われわれは電話による依頼をひんぱんに受けた。

somnoler ⇨ *somnolence*

Ce médicament peut faire *somnoler*.

→ Ce médicament peut provoquer la *somnolence*.

この薬は眠気を催すことがある。

sonder ⇨ *sondage*

Le gouvernement a souvent *sondé* l'opinion publique à ce sujet.

→ Le gouvernement a souvent procédé à des *sondages* auprès de l'opinion publique à ce sujet.

この問題について政府はひんぱんに世論調査を行なった。

sot, sotte ⇨ *sottise*

Ces guerres montrent que l'humanité est incroyablement *sotte*.

→ Ces guerres montrent que l'humanité est d'une *sottise* incroyable.

これらの戦争は人間というものが信じられないくらい愚かであることを示している。

soucier (se) ⇨ *souci*

Cet écrivain *se soucie* de l'avenir de la littérature traditionnelle.

→ Cet écrivain se fait du *souci* pour l'avenir de la littérature traditionnelle.

この作家は伝統文学の将来を案じている。

souffrir ⇨ *souffrance*

Bien qu'il n'ait pas été torturé physiquement, le sentiment d'impuissance a suffi à le faire *souffrir*.

→ Bien qu'il n'ait pas été torturé physiquement, le sentiment d'impuissance a suffi à lui causer des *souffrances*.

彼は肉体的な苦痛を受けたわけでもないのに、無力感は彼を苦しめるのに十分だった。

souhaiter ⇨ *souhait*

Nous ne pouvons que lui *souhaiter* de nouveau un rétablissement rapide.

→ Nous ne pouvons que lui renouveler nos *souhaits* de rétablissement rapide.

われわれは彼の一日も早い回復を改めて祈るほかない。

soulager ⇨ *soulagement*

Ce traitement permettra de *soulager* les douleurs.

→ Ce traitement permettra un *soulagement* des douleurs.

この治療で痛みは和らぐでしょう。

soumettre ⇨ *soumission*

Les USA ne pouvaient amener un certain nombre d'États arabes à *se soumettre* complètement.

→ Les USA ne pouvaient obtenir la *soumission* complète d'un certain nombre d'États arabes.

米国はかなりの数のアラブ国家を完全には服従させることが出来なかった。

soupçonner ⇨ *soupçon*

Il craint que la police ne le *soupçonne*.

→ Il craint que la police n'ait des *soupçons* sur lui.

彼は警察に怪しまれているのではないかと恐れている。

soupirer ⇨ *soupir*

J'*ai soupiré* de soulagement lorsque j'ai appris la nouvelle.

→ J'ai poussé un *soupir* de soulagement lorsque j'ai appris la nouvelle.

その知らせを聞いて私はほっと安堵の息をついた。

souple ⇨ *souplesse*

Cet appareil est très *souple* d'utilisation.

→ Cet appareil a une grande *souplesse* d'utilisation.

この機器はとても使い勝手がよい。

sourd ⇨ *surdité*

Elle est restée au couvent parce qu'elle était *sourde*.

→ Elle est restée au couvent à cause de sa *surdité*.

難聴だったので彼女は修道院に留まった

sourire ⇨ *sourire*

Vous le trouvez fort sympathique.... Il *sourit* toujours.

→ Vous le trouvez fort sympathique.... Il a toujours le *sourire*.

彼のことはすごく感じのいいやつだとお思いになりますよ。たえずにこにこしているんです。

souscrire ⇨ *souscription*

Vous pouvez *souscrire* à l'hébergement en famille jusqu'au 30 juin.

→ La *souscription* à l'hébergement en famille sera ouverte jusqu'au 30 juin.

ホームステイの予約は6月30日まで受け付けています。

soutenir ⇨ *soutien*

L'émissaire de M. Annan *a soutenu* un accord de paix en Angola.

→ L'émissaire de M. Annan a apporté son *soutien* à un accord de paix en Angola.

アナン氏の特使はアンゴラ和平協定を支持した。

spontané ⇨ *spontanéité*

Je reconnais que sa réaction est *spontanée*.

→ Je reconnais la *spontanéité* de sa réaction.

私は彼の反応が自然であることは認める。

sportif ⇨ *sportivité*

Il s'est montré très *sportif*.

→ Il a fait preuve d'une grande *sportivité*.

彼はすばらしいスポーツマンシップを示した。

stable ⇨ *stabilité*

La bourse n'est pas *stable*.

→ La bourse manque de *stabilité*.

株式市場は安定を欠いている。

stagner ⇨ *stagnation*

Dans ce pays, l'industrie *stagne*.

→ Dans ce pays, l'industrie connaît une *stagnation*.

この国の工業は沈滞している。

stocker ⇨ *stockage*

Ce bâtiment est destiné à *stocker* des marchandises d'exportation.

→ Ce bâtiment est destiné au *stockage* de marchandises d'exportation.

この建物は輸出品貯蔵用である。

stupéfait ⇨ *stupéfaction*

Pouvez-vous vous imaginer comme j'étais *stupéfait* d'apprendre sa mort ?

→ Pouvez-vous vous imaginer ma *stupéfaction* d'apprendre sa mort ?

彼の死を聞いたときの私の茫然自失ぶりが想像できますか？

stupide ⇨ *stupidité*

Il est si *stupide* que lorsqu'il se tait, il a l'air plus intelligent.

→ Il est d'une telle *stupidité* que lorsqu'il se tait, il a l'air plus intelligent.

彼はあまりに愚鈍なので、黙っているときのほうが利口そうに見え

る。

subtil ⇨ *subtilité*

Le goût de la cuisine chinoise est très *subtil*.

→ La cuisine chinoise est d'une grande *subtilité* de goût.

中国料理の味はとても凝っている。

suggérer ⇨ *suggestion*

J'aimerais bénéficier de ce que vous avez à me *suggérer*.

→ J'aimerais bénéficier de vos *suggestions*.

ご提案があれば参考にさせていただきたいのです。

suivre ⇨ *suivi*

Il est conseillé de *suivre* vos résultats d'analyses sanguines.

→ Il est conseillé de faire un *suivi* de vos résultats d'analyses sanguines.

血液検査の結果をずっと追跡調査することをおすすめします。

supérieur ⇨ *supériorité*

Une étude prouve que l'enseignement en ligne est *supérieur* aux autres types d'enseignement.

→ Une étude prouve la *supériorité* de l'enseignement en ligne sur les autres types d'enseignement.

ある研究はオンライン教育が他の教育法よりも優れていることを証明している。

supposer ⇨ *supposition*

Toutes nos conclusions ont été tirées *en supposant* que le futur sera conforme au passé.

→ Toutes nos conclusions procèdent de la *supposition* que le futur sera conforme au passé.

すべてわれわれの結論は、未来は過去に似たものだろうという推測から来ている。

supprimer ⇨ *suppression*

L'entreprise *a supprimé* 1000 emplois.

→ L'entreprise a procédé à 1000 *suppressions* d'emplois.

この企業は 1000 人の雇用削減を行なった。

sûr ⇨ *sûreté*

Pour que la fête soit *sûre*, il faut que chaque organisateur mette sur pied un service d'ordre.

→ La *sûreté* de la fête exige que chaque organisateur mette sur pied un service d'ordre.

お祭りの治安のためには、各組織者がそれぞれ治安体制を確立することが必要だ。

surmener ⇨ *surmenage*

On a enregistré que, en 2002, 160 personnes sont mortes parce qu'elles *étaient surmenées*.

→ On a enregistré, en 2002, 160 décès par *surmenage*.

2002 年には過労死が 160 件記録された。

surpeuplé ⇨ *surpeuplement*

Ce pays a connu, à plusieurs reprises, de cruelles épidémies parce qu'il était *surpeuplé*.

→ A cause de son *surpeuplement*, ce pays a connu, à plusieurs reprises, de cruelles épidémies.

人口過剰のためこの国は何回にも亘って恐ろしい疫病に見舞われた。

surprendre ⇨ *surprise*

Ces gens-là font constamment des blagues sur leur propre condition, ce qui m'*a* beaucoup *surpris*.

→ Ces gens-là font constamment des blagues sur leur propre condition, c'est une grande *surprise* pour moi.

あの人々は自分達の境遇について絶えず冗談を言っている、それは私には大きな驚きだ。

surveiller ⇨ *surveillance*

La FAO s'emploie depuis cinq ans à *surveiller* intensément les maladies animales en Afrique du Nord et au Proche-Orient.
→ La FAO s'emploie depuis cinq ans à intensifier la *surveillance* des maladies animales en Afrique du Nord et au Proche-Orient.

国連食糧農業機構（FAO）は北アフリカと近東の家畜疫病監視の強化に5年前から取組んでいる。

survivre ⇨ *survie*

La maladie ne me laissait *survivre* que quelques mois.
→ La maladie ne me laissait que quelques mois de *survie*.

病気は私に数カ月しか生残る時間を呉れなかった。

suspendre ⇨ *suspension*

Reporters sans frontières demande de *suspendre* la censure préalable sur la presse exercée par le Conseil national de sécurité.
→ Reporters sans frontières demande la *suspension* de la censure préalable sur la presse exercée par le Conseil national de sécurité.

組織「国境なきリポーター」は公安国家評議会が行なっている報道への事前検閲を中止するよう要求している。

T

témoigner ⇨ *témoignage*

Je voudrais *témoigner* pour donner confiance à des parents.

→ Je voudrais apporter mon *témoignage* pour donner confiance à des parents.

身内の人たちに自信を与えるために証言させていただきたいのです。

tendre (se) ⇨ *tension*

Le climat *s'est* grandement *tendu* suite aux rumeurs de la suppression de 5.000 postes dans la fonction publique en 2004.
→ La *tension* du climat est devenue grande suite aux rumeurs de la suppression de 5.000 postes dans la fonction publique en 2004.

2004年に公職で5000人分のポストを削減するとの噂が出て、一気に緊張が高まった。

tendrement ⇨ *tendresse*

Il me regarde *tendrement*.
→ Il me regarde avec *tendresse*.

彼は私をやさしく見つめる。

tenir (se) ⇨ *tenue*

Cette décision a été prise lorsque *s'est tenu* le Sommet du G8.
→ Cette décision a été prise lors de la *tenue* du Sommet du G8.

G8サミットが開かれた際にこの決定は下された。

tenter ⇨ *tentation*

Tous les saints ont passé par beaucoup de choses qui les *tentaient*.
→ Tous les saints ont passé par beaucoup de *tentations*.

すべての聖人は多くの誘惑をかいくぐってきた。

tiède ⇨ *tiédeur*

Le Premier ministre s'est montré *tiède* devant les demandes d'augmentations salariales de 12,5% formulées par les syndi-

timide

cats.

→ Le Premier ministre a montré de la *tiédeur* devant les demandes d'augmentations salariales de 12,5% formulées par les syndicats.

首相は組合の 12.5% の賃上げ要求には気のない態度を示した。

timide ⇨ ***timidité***

Il se débarrasse progressivement de son caractère *timide* et introverti.

→ Il se débarrasse progressivement de sa *timidité* et de son introversion.

彼はその内気で内向的な性格から徐々に解き放たれつつある。

tirer ⇨ ***tir* / *tirage***

Pyongyang *a tiré* un missile de courte portée (100 km).

→ Pyongyang a procédé au *tir* d'un missile de courte portée (100 km).

北朝鮮は短距離ミサイル（100 km）を発射した。

Leur magazine *tire* à 60.000 exemplaires.

→ Le *tirage* de leur magazine est de 60.000 exemplaires.

彼らの雑誌の発行部数は 6 万である。

tolérant ⇨ ***tolérance***

Le gouvernement s'est montré *tolérant* envers les opinions minoritaires.

→ Le gouvernement a fait preuve de *tolérance* envers les opinions minoritaires.

政府は少数意見に対して寛容な態度を示した。

tonner ⇨ ***tonnerre***

On entendait *tonner* au loin.

→ On entendait le *tonnerre* au loin.

遠くで雷鳴がしていた。

total ⇨ *totalité*

Le pourcentage des agriculteurs dans la population active *totale* de la Chine a connu un abaissement rapide.

→ Le pourcentage des agriculteurs dans la *totalité* de la population active de la Chine a connu un abaissement rapide.

中国の全労働人口に占める農業従事者の割合は急速な低下をみた。

toucher ⇨ *toucher*

Son pelage brun aux reflets roux est rugueux quand on le *touche*.

→ Son pelage brun aux reflets roux est rugueux au *toucher*.

その赤い輝きを帯びた褐色の毛並みは触るとごわごわした感じだ。

tourmenter ⇨ *tourment*

Seul le fait de ne pas pouvoir venir où tu es me *tourmente*.

→ Mon seul *tourment* est de ne pas pouvoir venir où tu es.

あなたの居るところに行けないことだけが私を苦しめる。

tourner ⇨ *tournure* / *tournage*

Sa vie *a* bien *tourné*.

→ Sa vie a pris une bonne *tournure*.

彼の人生は良い方向に転じた。

Ce film *a été tourné* en novembre 1997.

→ Le *tournage* de ce film a eu lieu en novembre 1997.

この映画は1997年11月に撮影された。

tousser ⇨ *toux*

Il n'arrête pas de *tousser*.

Sa *toux* ne cesse pas.

彼は咳が止まらない。

tracasser ⇨ *tracasseries*

La vie est pleine de choses qui nous *tracassent*.

→ La vie est pleine de *tracasseries*.

人生は煩わしいことで一杯だ。

traduire ⇨ *traduction*

Ce livre n'a jamais *été traduit* en français.

→ La *traduction* française de ce livre n'a jamais été faite.

この本のフランス語訳はまだ一度もなされていない。

trahir ⇨ *trahison*

Le leader de l'opposition a été arrêté pour *avoir trahi*.

→ Le leader de l'opposition a été arrêté pour *trahison*.

野党のリーダーは反逆罪で逮捕された。

traiter ⇨ *traitement*

Les clandestins *ont été* mal *traités*.

→ Les clandestins ont reçu de mauvais *traitements*.

密入国者たちはひどい取扱いを受けた。

tranquille ⇨ *tranquillité*

Savourez vos vacances tout en étant *tranquille*.

Savourez vos vacances en toute *tranquillité*.

心安らかにバカンスを味わいなさい。

transcrire ⇨ *transcription*

Comment *transcrire* une séquence d'ADN en séquence d'ARN ?

→ Comment réaliser la *transcription* d'une séquence d'ADN en séquence d'ARN ?

如何にデオキシリボ核酸配列をリボ核酸配列に書き換えるか？

transférer ⇨ *transfert*

Il y a des conditions à remplir pour *transférer* des technologies.

→ Il y a des conditions à remplir pour réaliser le *transfert* de technologies.

技術移転のために充たすべき条件は色々ある。

transformer ⇨ *transformation*

Comment *transformer* du sucre granulé en sucre de fruit ?

→ Comment réaliser la *transformation* de sucre granulé en sucre de fruit ?

グラニュー糖を果糖に変える方法は？

transmettre ⇨ *transmission*

Le savoir-faire *se transmet* de père en fils depuis des générations.

→ La *transmission* du savoir-faire de père en fils se fait depuis des générations.

父から息子へのノーハウの継承は何世代も前から行なわれている。

transpirer ⇨ *transpiration*

L'activité physique fait *transpirer*.

→ L'activité physique provoque la *transpiration*.

体を動かすことは発汗をうながす。

transplanter ⇨ *transplantation*

On devrait *transplanter* des organes devrait se faire selon des normes éthiques strictes.

→ Les *transplantations* d'organes devraient s'effectuer selon des normes éthiques strictes.

臓器移植は厳格な倫理規準にしたがってなされなければならない。

traverser ⇨ *traversée*

Le Français Gérard d'Aboville *a traversé* le Pacifique à la rame en 1991 sur plus de 7000 kms.

→ Le Français Gérard d'Aboville a fait la *traversée* du Pacifique à la rame en 1991 sur plus de 7000 kms.

フランス人ジェラール・ダボヴィルは1991年7千キロ以上にわたって太平洋を手漕ぎボートで横断した。

trembler ⇨ *tremblement*

trier

La terre *a tremblé* en Californie, le 23 décembre 2003.

→ Un *tremblement* de terre s'est produit en Californie, le 23 décembre 2003.

2003年12月23日、カリフォルニア州で地震があった。

trier ⇨ *tri*

Pour *trier* ton courrier, je te conseille un petit logiciel.

→ Pour faire le *tri* de ton courrier, je te conseille un petit logiciel.

メールの整理をするなら、ちょっとしたソフトがおすすめだよ。

triste ⇨ *tristesse*

Son regard était très *triste*.

→ Son regard était d'une grande *tristesse*.

彼の眼差しはとても悲しげだった。

trouver ⇨ *trouvaille*

Ils *ont* récemment *trouvé* quelque chose d'intéressant.

→ Ils ont récemment fait une *trouvaille* intéressante.

彼らはさいきん面白い掘り出しものをした。

U

unanimement ⇨ *unanimité*

La résolution protégeant les personnels humanitaires a été adoptée *unanimement*.

→ La résolution protégeant les personnels humanitaires a été adoptée à l'*unanimité*.

人道支援スタッフを保護する決議は全会一致で可決された。

uniformiser ⇨ *uniformisation*

On constate une tendance générale à *uniformiser* la politique sur l'imposition.

→ L'*uniformisation* de la politique sur l'imposition constitue une tendance générale.

税政の画一化への傾向が全体の流れである。

urgent ⇨ *urgence*

Il est *urgent* de satisfaire de façon durable les besoins en eau potable des populations.

→ L'*urgence* s'impose de satisfaire de façon durable les besoins en eau potable des populations.

住民の飲料水需要を永続的に満たすことが緊急の課題である。

user ⇨ *usure*

Le tableau de bord vous alerte que vos amortisseurs *sont usés*.

→ Le tableau de bord vous alerte de l'*usure* de vos amortisseurs.

計器は緩衝装置が摩滅しているという警告を出している。

utile ⇨ *utilité*

Ce site m'est très *utile*.

→ Ce site m'est d'une grande *utilité*.

このサイトは私にはとても役に立つ。

utiliser ⇨ *utilisation*

Il est très simple d'*utiliser* cet ordinateur.

→ L'*utilisation* de cet ordinateur est très simple.

このコンピューターの使用はとても簡単だ。

V

varié ⇨ *variété*

La gastronomie est très *variée*.

→ La gastronomie est d'une grande *variété*.

美味しいものは多種多様である。

varier ⇨ *variation*

Les ventes *varient* selon la variation des prix.

→ La *variation* des ventes suit la variation des prix.

売上は価格の変動に応じて変動する。

vendre ⇨ *vente*

Il n'est pas autorisé de *vendre* de la drogue.

→ La *vente* de drogue n'est pas autorisée.

麻薬の販売は許可されていない。

venir ⇨ *venue*

Les mesures nécessaires ont été prises afin d'éviter que des visiteurs indésirables ne *viennent*.

→ Les mesures nécessaires ont été prises afin d'éviter la *venue* de visiteurs indésirables.

好ましくない訪問者が来るのを防ぐため必要な措置が取られた。

vérifier ⇨ *vérification*

Il faut *vérifier* la validité de son permis de conduire.

→ Il faut procéder à la *vérification* de la validité de son permis de conduire.

彼の運転免許証の有効性を検証しなければならない。

verser ⇨ *versement*

Le rachat peut être acquitté *en versant* plusieurs fois de l'argent.

→ Le rachat peut être acquitté en plusieurs *versements*.

買収は数回の払い込みで行なうことができる。

vieillir ⇨ *vieillissement*

La population *vieillit* de plus en plus rapidement.

→ Le *vieillissement* de la population s'accélère.

国民の高齢化が速まっている。

vieux, vieil, vieille ⇨ *vieillesse*

A quoi bon déplorer le fait d'être *vieux* ?

→ A quoi bon déplorer la *vieillesse* ?

老齢を嘆いて何になろう？

vif, vive ⇨ *vivacité*

J'apprécie que les débats soient *vifs*.

→ J'apprécie la *vivacité* des débats.

議論が活発であるのはいいことだと思う。

vigilant ⇨ *vigilance*

Il faut être beaucoup plus *vigilant*.

→ Il faut redoubler de *vigilance*.

監視の目を強めなければならない。

vigoureux, euse ⇨ *vigueur*

L'économie canadienne s'est montrée exceptionnellement *vigoureuse* malgré le récent ralentissement mondial.

→L'économie canadienne a montré les signes d'une *vigueur* exceptionnelle malgré le récent ralentissement mondial.

カナダ経済は最近の世界的不況があるにもかかわらず並外れて力強いところを見せた。

viser ⇨ *visée*

visible

Pour ce but j'ai besoin de manipuler l'outil, mais je *vise* le but et non l'outil.

→ Pour ce but j'ai besoin de manipuler l'outil, mais ma *visée* porte sur le but et non sur l'outil.

この目的のために私はこの道具を操作することを必要とする、しかし私は目的を狙うのであってこの道具そのものを狙うわけではない。

visible ⇨ *visibilité*

Rien n'était *visible* à cause du vent et de la pluie.

→ La *visibilité* était nulle à cause du vent et de la pluie.

風雨のため視界ゼロだった。

visiter ⇨ *visite*

Combien de temps faut-il pour *visiter* le nouvel aquarium?

→ Combien de temps faut-il pour la *visite* du nouvel aquarium?

新しい水族館を見て回るのにどれくらい時間がかかりますか？

voir ⇨ *vision*

L'âge influence la façon de *voir* l'avenir.

→ L'âge influence la *vision* de l'avenir.

年齢が未来の見方に影響を及ぼす。

voler ⇨ *vol*

Il a été arrêté pour *avoir volé* des données informatiques.

→ Il a été arrêté pour *vol* de données informatiques.

彼はコンピューター・データ窃盗のかどで逮捕された。

vomir ⇨ *vomissement*

Elle *a vomi*, et a eu mal au ventre.

→ Elle a eu des *vomissements*, des maux de ventre.

彼女は吐き、腹痛を訴えた。

[著者略歴]

大賀正喜（おおが・まさよし）
1932年台湾生まれ。1946年日本へ引き揚げる。
1953年名古屋大学仏文科卒業、1956年東京大学大学院仏語仏文学専攻修士課程修了。
青山学院大学助教授、立教大学教授を経て外務省研修所フランス語講師、カリタス女子短期大学非常勤講師、エスパス・ラング東京講師などを歴任。2012年没。
主要著書：『現代仏作文のテクニック』、『現代フランス語名詞活用辞典』（以上大修館書店）、『現代仏和小辞典』（共著）、『書きながら考えるフランス語』、『和文仏訳のサスペンス』（共著）、『方法としての仏作文』（以上白水社）
『小学館ロベール仏和大辞典』（共同編集）、『プログレッシブ仏和辞典』（共同編集）、『ポケット仏和・和仏辞典』（監修）（以上小学館）
『フランス語の書きとり・聞きとり練習』（中級編）（上級編）（エディション・フランセーズ）

フランス語名詞化辞典
© Masayoshi Oga, 2004　　　　　　　　　　　NDC850／iii, 178p／19cm

初版第1刷 ── 2004年4月1日
第6刷 ── 2019年9月1日

著者	大賀正喜
発行者	鈴木一行
発行所	株式会社大修館書店
	〒113-8541　東京都文京区湯島2-1-1
	電話 03-3868-2293（編集部）／03-3868-2651（販売部）
	振替 00190-7-40504
	［出版情報］https://www.taishukan.co.jp
装丁者	鳥居　満
印刷所	横山印刷
製本所	牧製本

ISBN978-4-469-05178-0　Printed in Japan

Ⓡ本書のコピー，スキャン，デジタル化等の無断複製は著作権法上での例外を除き禁じられています。本書を代行業者等の第三者に依頼してスキャンやデジタル化することは，たとえ個人や家庭内での利用であっても著作権法上認められておりません。